Irmtraud Gutschke
Eva Strittmatter
Leib und Leben

atb aufbau taschenbuch

EVA STRITTMATTER wurde 1930 in Neuruppin geboren. Sie studierte 1947 bis 1951 Germanistik in Berlin. 1951 bis 1953 Mitarbeiterin beim Deutschen Schriftstellerverband, seit 1954 freie Schriftstellerin. Sie veröffentlichte Kritiken, Kinderbücher, Gedichte, Prosa. Heinrich-Heine-Preis 1975, Walter-Bauer-Preis 1998. Sie starb am 3. Januar 2011 in Berlin.

Mit Gedichtbänden wie *Ich mach ein Lied aus Stille* (1973), *Mondschnee liegt auf den Wiesen* (1975), *Die eine Rose überwältigt alles* (1977), *Zwiegespräch* (1980), *Heliothrop* (1983), *Atem* (1988), *Der Schöne (Obsession)* (1997), *Liebe und Haß* (2000), *Der Winter nach der schlimmen Liebe* (2005) und *Wildbirnenbaum* (2010) wurde sie zu einer der bekanntesten deutschen Lyrikerinnen. Außerdem veröffentlichte sie Prosabände wie *Briefe aus Schulzenhof* (I 1977, II 1990, III 1995), *Poesie und andre Nebendinge* (1983) und *Mai in Piešťany* (1986) und gab Werke Erwin Strittmatters aus dem Nachlass heraus.

IRMTRAUD GUTSCHKE, 1950 in Chemnitz geboren, ist verantwortliche Redakteurin für Literatur beim »Neuen Deutschland« und hat unzählige Texte über Autoren und ihre Werke publiziert. 2007 erschien ihr Gesprächsband *Hermann Kant. Die Sache und die Sachen*.

Diese erzählte Lebensgeschichte verdanken wir einem seltenen Vertrauensverhältnis zwischen zwei Gesprächspartnerinnen, die einander außerordentlich nahe sind. Wiederholt hat Irmtraud Gutschke mehrere Tage in Schulzenhof gewohnt und mit der Lyrikerin über ihr Leben gesprochen. Noch nie hat Eva Strittmatter so ausführlich und offen von ihren persönlichen Erschütterungen, ihren Erfahrungen in der DDR und vom Entstehen ihrer Gedichte berichtet. Und natürlich kommt immer wieder auch ihre Ehe mit Erwin Strittmatter zur Sprache. Im intimen Zwiegespräch enthüllt sich ein dramatischer Lebensroman.

»Das Porträt einer konsequenten, aber auch zerrissenen, oft melancholischen Frau.« *Janina Fleischer, Leipziger Volkszeitung*

Irmtraud Gutschke

EVA STRITTMATTER

LEIB UND LEBEN

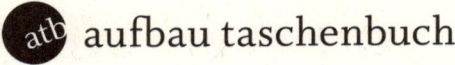
aufbau taschenbuch

Mit 55 Abbildungen

ISBN 978-3-7466-7077-5

Aufbau Taschenbuch ist eine Marke der Aufbau Verlage GmbH & Co. KG

5. Auflage 2025
© Aufbau Verlage GmbH & Co. KG, Berlin 2010
www.aufbau-verlage.de
10969 Berlin, Prinzenstraße 85
Die Originalausgabe erschien 2008 bei Das Neue Berlin
Bei Aufbau Taschenbuch erstmals 2010 erschienen
Der Verlag behält sich das Text- und Data-Mining nach § 44b UrhG vor,
was hiermit Dritten ohne Zustimmung des Verlages untersagt ist.
Bei Fragen zur Sicherheit unserer Produkte wenden Sie sich bitte an
produktsicherheit@aufbau-verlage.de.
Umschlaggestaltung U1berlin, Patrizia Di Stefano
unter Verwendung eines Fotos von © Isolde Ohlbaum
Druck und Binden CPI books GmbH, Leck, Germany

Printed in Germany

VORAB

Das Du in diesem Buch stammt aus dem Jahre 1974. Da durfte ich als vierundzwanzigjährige Journalistin, die gerade dabei war, über Tschingis Aitmatow zu promovieren, an den Internationalen Puschkin-Tagen in der Sowjetunion teilnehmen. Mit Dichtern aus vielen Ländern – von der Türkei bis Sierra Leone – war ich auf der Reise, die stationsweise von Leningrad über Pskow, Nowgorod, Michailowskoje nach Moskau führte. Und neben mir im Bus saß als Delegierte aus der DDR Eva Strittmatter. Mir ist nicht mehr in Erinnerung, worüber wir uns im Einzelnen auf dieser Fahrt unterhalten haben, nur dass für mich daraus eine Nähe zu ihr entstand, die über all die Zeit aus der Ferne erhalten blieb. Es gab zwischen uns noch einen kurzen Briefwechsel, einmal besuchte sie mich sogar, aber auch später verlor ich nicht das Gefühl, mit ihr in Verbindung zu sein. Vor allem über ihre Gedichte. Als ich sie dann im April 2008 das erste Mal in Schulzenhof besuchte, hatte ich ihr Bild von damals in mir und fand sie im Bett liegend vor. Eine erschöpfte Frau, wie es auf den ersten Blick schien. Doch eine erstaunliche Kraft ging von ihr aus.

Würde sie meinem Vorschlag zustimmen, mit mir ein Buch zu machen? Wir ahnten beide nicht, wie lange das dauern und wie schwierig das am Ende werden würde. Wiederholt habe ich mehrere Tage in Schulzenhof gewohnt. Zwei Mal traf ich auch Sohn Ilja an. Bei schönem Wetter konnte Eva Strittmatter draußen im Rollstuhl sitzen, das Vogelgezwitscher übertönte manchmal fast unsere Stimmen auf dem Tonband. Ich genoss es, wenn während unserer Gespräche in ihrem Lächeln mitunter jene Mädchenhaftigkeit aufblitzte, die ich kannte.

»Seele seltsames Gewächs. Gegenblüte zum welkenden Leib«, so beginnt eines ihrer Gedichte. Im Menschen ist etwas – kann etwas sein –, das nicht altert. Das habe ich gesehen.

»Die Räume haben Frieden./ Die Tage gehn ein und aus./ Für eine friedliche Seele / Wär das ein friedliches Haus.« So formulierte Eva Strittmatter in ihrem ersten Gedichtband. – Wenn die Vögel verstummen, liegt eine Stille über Schulzenhof, die mich zu Anfang sogar verstörte. Ich kam aus dem Takt meiner Dauerkonzentration, weil die Zeit hier völlig anders verlief. Mit Eile war an diesem Ort gar nichts zu machen. Zwar konnte ich es nicht lassen, seitenweise Fragen vorzubereiten, doch wie sich unser Gespräch dann entwickelte, war immer wieder überraschend.

So detailliert und farbig sind Eva Strittmatters Erinnerungen, so kraftvoll ihre Formulierungen, dass man mitgerissen wird auf ihren Gedankenweg. Bald verstand ich, welcher Erfahrungsgewinn mir zuwuchs, wenn ich mich auf sie einstellte. Die Ruhe in Schulzenhof umhüllt dramatisches Geschehen. Was Menschen widerfahren kann, scheint sich hier zusammenzuballen. Als ob dieses dörfliche Anwesen eine Bühne sei, auf der reales Leben poetische Verdichtung erfährt.

Wer Gedichte schreibt, sagt Eva Strittmatter in »Poesie und andre Nebendinge«, habe »wohl ein besonders ausgeprägtes Harmoniebedürfnis. Er versucht, durch Poesie, Kräfte und Gegenkräfte ins Gleichgewicht zu bringen. Auch Kräfte und Gegenkräfte, die in ihm selber sind.« Diese Kräfte und Gegenkräfte sind in ihrem Leben besonders stark zur Wirkung gekommen. Anfechtungen immer wieder und immer wieder das Ringen um das Werk.

Der Band hat ein Register um der vielen Personen willen, die oft nur sporadisch, zufällig in ihm auftauchen. Der Mann, mit dem Eva Strittmatter so eng verbunden war, brauchte darin nicht vermerkt zu werden. Genannt oder ungenannt, auf jeder Seite dieses Buches ist Erwin Strittmatter anwesend. Wir glaubten unser Gespräch schon fast beendet, ich sah mich in der Phase des Schreibens, als am 8. Juni 2008 in der »Frankfurter Allgemeinen Sonntagszeitung« Werner Lierschs Artikel »Erwin Strittmatters unbekannter Krieg« erschien, der in den Medien für Aufregung sorgte. Die Mutmaßungen um ihren Mann haben Eva Strittmatter getroffen – bis ins Körperliche hinein. Sie meinte zunächst, dass wir die Passagen zu diesem Thema als Anhang beifügen sollten. Ich fand, dass jene Erwägungen, die ihr momentan wie ein Fremdkörper erscheinen mögen, doch integriert sein sollten in ihre Lebensgeschichte. Wie eben doch alles zusammengehört: das Gewusste und das Nicht-Gewusste, das Erstaunliche und das Erschreckende, das Glück und das Leid. Erwin Strittmatters Leben – eine Jahrhundertbiografie, die sich unsereins vielleicht nur einfacher, weniger widersprüchlich gedacht hatte. Und Eva Strittmatters Leben auf andere Weise ebenfalls: eine Frau im Zwiespalt zwischen liebevoller Aufopferungsbereitschaft und eigenem Entfaltungswillen. Sie hat daraus Kunst gemacht.

Zur distanzierten Interviewerin eigne ich mich nicht. Das habe ich schon bei der Arbeit am Buch »Hermann Kant. Die Sache und die Sachen« gesehen, das im August 2007 in der Buchreihe von »Neues Deutschland« und dem Verlag Das Neue Berlin erschien. Ich will auf größere Nähe hinaus, eine andere Biografie durchdenken und dadurch das Leben überhaupt – auch meines – tiefer verstehen. Niemand möge glauben, dass dies in Gänze möglich sei. »Alles« kann man von einem Menschen nie erfahren, das weiß er nicht mal von sich selbst. »Meine Träume kennst du nicht./ Meinen Namen nennst du nicht./ Zwar du glaubst, daß du sie kennst./ Daß du meinen Namen nennst./ Doch ich träume mancherlei./ Und der Namen hab ich drei.« – »Rätsel II« nannte Eva Strittmatter dieses Gedicht, das, wie so oft bei ihr, aus dem Persönlichsten heraus ins Allgemeingültige wächst.

»Ich muss etwas tun, ich muss eine Schale sprengen. Ich kann mich nur befreien durch Sprache, nur durch Worte kann ich mich befreien.« Das sagte Eva Strittmatter, als wir über die

Entstehung eines ihrer schönsten Gedichte sprachen. Und ich wusste sofort: Genau das ist es. Das betrifft unser ganzes Gespräch, das hoffentlich auf die Leserin, auf den Leser eine ebenso befreiende Wirkung hat.

I

»Wir haben vier Söhne, eine Unmenge Arbeit und
häufig riesige Schwierigkeiten. Da ist von *idealer
Mann* und *ideale Frau* keine Rede, sondern nur
von Durchkommen, Fertigwerden. Und so sind
auch die Verhältnisse aller guten Menschen, die
wir kennen, und so sind die Verhältnisse, die mein
Mann in seinen Büchern schildert.«
(»Briefe aus Schulzenhof«, 11. Februar 1966)

Das also ist Schulzenhof, ich bin ja zum ersten Mal hier ...

Was hast du dir denn vorgestellt?

Etwas Imposantes, ein großes Anwesen ...

Zwei Häuser sind es ja. Das, in dem wir jetzt sitzen, haben wir
von 1971 bis 1972 gebaut. Nur das kleine Haus an der Straße
haben wir gekauft und eine alte Stallung, die inzwischen abgerissen ist. Das war alles nicht groß, ein Büdnerhof eben.

*Schulzenhof – da denkt man an den Hof eines Schultheiß, der so-
zusagen Vertreter des Gutsherrn war.*

Schulzenhof heißt dieses Vorwerk von sieben Häusern. Hier
haben Kleinkätner oder Büdner gewohnt. Das waren Leute,
die nur Hund und Ziege hatten, nicht mal eine Kuh, die zum
Beispiel im Wald gearbeitet haben für den Gutsbesitzer von
Arnim. Wir sitzen hier sozusagen mitten im gräflichen Forst.

Das hat Erwin ja beschrieben in seiner Geschichte »Ein Grundstück bei Rheinsberg kaufen«. Es waren Umsiedler oder Flüchtlinge von irgendwo aus dem Norden. Vor ihnen hauste hier so ein Hexenkünstler aus Berlin. Der hat in dem Haus als Wundertäter gearbeitet mit Futterkalk als Zaubermittel. Die Umsiedler haben reichlich zwei Jahre hier gewohnt. Dann war es ihnen zu einsam, sie wollten näher an Berlin ran, weil die Frau immer krank war und zum Arzt musste. Also haben sie auf eine Annonce geantwortet, die Erwin im Winter 1953 in die »Berliner Zeitung« gesetzt hat. Damals war es noch selten, dass jemand ein Haus auf dem Land suchte. Über vierzig Zuschriften haben wir bekommen und Stück für Stück abgearbeitet.

Ihr seid also zusammen über Land gezogen, um ein gemeinsames Zuhause zu suchen …

Wir zwei und der Schriftsteller Boris Djacenko, mit dem wir befreundet waren. Wir sind in jenem Winter in Nauen gewesen und in allen möglichen Vororten von Berlin, aber es war alles nicht das Richtige. Hier hatten wir zwei Angebote, wollten erst gar nicht hin, weil es uns zu weit war. Aber als ich eines Tages heimkam, saß ein alter Herr mit Krückstock bei Erwin und hat in uns hineingeredet, dass wir doch sein Haus in Burow nehmen sollten, wenigstens ansehen. Und weil er so gebarmt hat – wie billig, wie schön –, haben wir uns mit ihm verabredet. Burow liegt zwischen Gransee und Fürstenberg; bis Drögen fuhr ein Zug um sechs in der Früh ab Oranienburg. Da mussten wir vom Strausberger Platz zum Alexanderplatz laufen, weil noch keine U-Bahn ging. Vom Bahnhof Drögen hinter Gransee hat uns der alte Herr dann durch die Wälder geführt – über Altglobsow nach Burow, ungefähr acht Kilometer. In jenem Winter war schon im Januar Frühling. Aber in der Nacht war dicker Schnee gefallen. Ich hatte nagelneue finnische Schuhe an in dunklem Grün, Rindleder mit Steppnähten und dicken Specksohlen, doch in kürzester Zeit schwamm ich geradezu darin. In Burow führte uns der Mann in ein ururaltes, ganz kleines Haus mit einem Riss in der Wand. Man konnte von draußen durchgucken. Der Herd hatte einen offenen Kamin, es war eiskalt, und der ganze Hof stand voller Gerümpel. Erwin hat ihn erstmal in den Konsum geschickt, eine Flasche Wodka holen. Klar, hier konnten wir nicht wohnen. Aber da wir nun schon mal in der Gegend waren, haben wir gesagt, sollten wir auch das andere Haus besichtigen, das in Schulzenhof. Also ging es über Menz weiter zu Fuß. Als wir aus dem Wald kamen, konnten wir das Haus sehen. Es war gelb getüncht und hatte blaue Fensterläden. Es erinnerte uns an die Försterei Schmalenberg hinter Fangschleuse, wo Erwin den Sommer 1952 verbracht hat, nachdem wir uns kennengelernt hatten. Das eine Zimmer oben hatte Boris Djacenko gemietet, das zweite Erwin. Ich bin immer von Erkner mit der Bahn nach Fangschleuse gefahren und von dort aus durch den Wald gegangen.

Gedanken also an glückliche Zeiten?

Wir haben das Haus gesehen und gesagt: Das ist es.

Warum wollte Erwin unbedingt aufs Land? Kam das aus seiner kleinbäuerlichen Herkunft, dass er sich Feld und Tiere wünschte?

Genau so. Er war als Ältester prädestiniert, den Hof in Bohsdorf zu übernehmen. Aber von Kindheit an war klar: Er wird es nicht sein. Er war ja derjenige, der gelesen und geschrieben hat, also etwas aus der Art geschlagen war. Sein Bruder Heinrich dagegen konnte vor Kraft kaum laufen. So war es für die Familie ausgemacht, dass Heinrich der Bauer war. Erwin sollte lieber studieren und was Besseres werden, Lehrer oder Pastor. Aber irgendwie hat es ihn doch gewurmt, von vornherein ausgeschlossen zu sein. Immer hatte er Verlangen nach häuslicher Atmosphäre auf einem Bauernhof.

Was für dich auch Bauernarbeit bedeutete?

Alles war konzentriert auf die Gewinnung von Heu. Es war doch im Sozialismus nicht vorgesehen, dass ein Schriftsteller sich als Pferdezüchter etabliert und Futtermittel beansprucht. Um diese Zuteilung war jedes Jahr neu ein Kampf auszufechten, bei dem auch der Verband helfen musste.

Hattest du überhaupt Lust, hierher zu ziehen?

Überhaupt nicht!

Aber du hast Erwin so sehr geliebt, dass du Ja gesagt hast?

Es war auch eine Zwangslage. Zunächst hieß es: Er sucht einen Ort, wo er in Ruhe arbeiten kann. Das Haus hat er mit dem Geld von seinem ersten Nationalpreis gekauft. Wir wohnten damals mit unseren Söhnen und mit dem Umsiedlermädchen Christa, das uns meine Mutter geschickt hatte, in der 4-Zimmer-Wohnung am Strausberger Platz. Dort habe ich mich absolut wohl gefühlt und keinen Moment daran gedacht, aufs Land zu gehen. Als er aber dann hier draußen war, meinte er, er wolle nun hier leben und brauche die Wohnung nicht mehr. Wenn ich sie behalten wolle, müsse ich sie selber finanzieren. Hundertsieben Mark Miete – so viel konnte ich nie verdienen. Also blieb mir nichts anderes übrig, als mit nach Schulzenhof zu gehen und die große Wohnung gegen eine 2-Zimmer-Wohnung in den damals letzten neuen Häusern der alten Stalinallee zu tauschen.

Da hat er dich ganz schön unter Druck gesetzt?

Absolut. Zudem war das Haus noch nicht mal ganz frei. Auf der linken Seite wohnte die Familie eines Volkspolizisten mit einem Säugling. Die vier größeren Kinder aus einer ersten Ehe hatten sie ins Heim gegeben. Diese Frau war ein nachlässiges junges Weib, kochte nicht, ging Erwin immer um Essen an, wenn er alleine draußen war. Mit kaltem Wasser aus der Pumpe hat sie dem Säugling die Flasche gegeben. Ich war froh, dass diese Leute auszogen.

Die haben woanders eine Wohnung bekommen. Und dann musste renoviert werden. Am 15. Juni '54 hat Erwin das Haus übernommen, ab Oktober war die Berliner Wohnung aufgegeben, und wir waren hier draußen. Die Kinder hatten den Keuchhusten, der kleine Erwin war anderthalb, Ilja war dreieinhalb. Ich sehe noch, wie in diesem kalten Haus der Maler auf der Leiter stand und hustete – ein Verwandter unserer Nachbarn, der Tuberkulose hatte. Ich wollte das Haus hellblau getüncht haben, aber dann sah es waschblau aus, geradezu niederschmetternd. Später bleichte es aus. Die Möbel mussten von Berlin geholt und irgendwie untergebracht werden, wir hatten ja so wenig Platz. Also stand im vorderen Zimmer eine Couch, die wir von Berlin mitgebracht hatten, ein altes eisernes Bettgestell von hier und ein weiß lackiertes Kinderbett. In der Mitte ein großer Ausziehtisch aus der Berliner Wohnung, an dem zwölf Personen sitzen konnten. So viele waren in den ersten Jahren auch oft da. Erwin hat wie besinnungslos Besucher eingeladen. Es spielte für ihn eine große Rolle, dass er als Hausherr Gastgeber sein konnte. Denn er hatte doch, wie er immer sagte, in den Slums der großen Städte als armer Kerl gehaust, der kaum das Brot zum Essen hatte. Nach seiner Schichtarbeit in der Fabrik hat er abends und sonntags noch in der Gärtnerei dazu verdient, um seine Familie zu versorgen. Und hier fing er sofort an, alles zu beackern. Mir gegenüber tat er so, als hätte es ihn überrumpelt, dass die vorherigen Besitzer ihm eine Glucke mit Küken hinterlassen haben und eine Ziege, die gemolken werden musste. Erst bei der Herausgabe seiner nachgelassenen Erzählungen, »Geschichten ohne Heimat«, wo der Text »Ein Grundstück bei Rheinsberg kaufen« drinsteht, habe ich begriffen, dass alles hinter meinem Rücken so verabredet war. Er hat dann auch sofort losgelegt, hat ein Pferd angeschafft und Heu gemacht. Dazwischen lief der kleine Ilja rum. Hier war auch eine große Sauerkirschhecke. Die hat er ausreißen lassen. Warum, kann ich eigentlich nicht sagen.

Du hießt nicht Eva Strittmatter, als du hier ankamst, ihr wart noch gar nicht verheiratet?

Ich hatte den Namen schon längst angenommen, habe schon unter Eva Strittmatter-Braun geschrieben.

Einfach von dir aus?

Habe ich so beschlossen.

Weil du nicht mehr Eva Braun heißen wolltest wie Hitlers Geliebte? Der Name muss dir doch Probleme gemacht haben.

Erst nach 1945. Vorher hat in meiner Welt kein Mensch von der Existenz dieser Frau gewusst, das war doch ganz geheim. Aber als ich 1947 im November ganz hinten im Auditorium Maximum der Humboldt-Universität saß, und der Dekan rief die zu Immatrikulierenden auf, ging bei meinem Namen ein riesiges Gejohle los. Unter Geraune und Gelächter musste ich nach vorn durch den ganzen Gang. Und so ist es geblieben. Wenn der Name laut wurde irgendwo, hieß es: Ach, leben Sie denn noch, Sie sind doch schon längst tot? Auf allen Behörden, wo ich auch hinkam, war das so.

Also wolltest du den Namen auf jeden Fall los sein?

Nun, ja. Ich habe im Juni 1950 das erste Mal geheiratet, da hieß ich Wernitz. Am 1. Juli '51 ist Ilja geboren, ich habe also nicht mal geheiratet, weil ich schwanger war. Ich habe nur geheiratet, weil der Mann mich unter Druck gesetzt hat, weil er gesagt hat, er muss sich sonst umbringen. Und er hat mich beinahe erwürgt, ist mir hinterhergelaufen in ein Schulgebäude in der Auguststraße. Ich habe ihn keineswegs aufregend geliebt, ich habe nachgegeben. Schon vor Iljas Geburt war klar, dass wir nicht zusammenbleiben. Erwin habe ich kennengelernt, als ich ein halbes Jahr von Wernitz getrennt war. Ich habe mich dann Strittmatter-Braun genannt, bis wir geheiratet haben.

Warum habt ihr das Heiraten so lange vor euch hergeschoben?

Wir waren seit Februar 1952, schon über vier Jahre, zusammen, als wir im Juni '56 geheiratet haben. Da war der kleine Erwin schon drei. Geheiratet haben wir nur, weil wir in Bulgarien Urlaub machen wollten und sonst nicht hätten zusammen wohnen dürfen. Man gab uns ja immer nur getrennte Zimmer, obwohl unsere Pässe zeigten, dass wir dieselbe Adresse hatten.

Ansonsten hätte es dir nichts ausgemacht, auf Dauer ohne Trauschein mit Erwin zusammenzuleben?

Ich war unverheiratet, als wir '54 hierher gekommen sind. Ich war seine Frau, obwohl er damals noch verheiratet war. Erst 1954 wurde er geschieden. Nein, für mich war nur entscheidend, dass er nicht noch die Beziehung zu Maria aufrechterhalten hat. Doppelbeziehungen waren ihm ja nicht fremd. Bevor wir uns trafen, hatte er mindestens drei Jahre ein Verhältnis mit einer jungen Frau meines Jahrgangs, die im »Wundertäter« als Volontärin Wetterzeube auftaucht. Inzwischen ist sie verstorben. Sie hatte in Moskau oder Leningrad Philosophie studiert, promoviert und war beim Rundfunk. Unsere Beziehung hat sie heftigst bekämpft. Hier unten im Archiv liegen alle ihre Briefe und dann noch die Briefe von Erwins zweiter Frau. Hunderte Seiten mit Beschimpfungen und Beschuldigungen, mit Liebesbeteuerungen und Schmähungen. Diese Beziehung hat er beendet, als »Der Ochsenkutscher« erschien und er bei der Zeitung aufhörte. Da ging er erstmal wieder zur Familie nach Spremberg zurück.

Zur zweiten Frau also?

Ja, wobei die erste, Waltraud, auch immer noch auftauchte, sogar zu unserer Zeit. Sie kam angerauscht aus Wittenberge, wo sie mit ihrem zweiten Mann lebte, und hat Erwin in den Presseklub am Bahnhof Friedrichstraße zitiert. Weil Ulf, der älteste Sohn, in der Schule schlecht war und es nicht zum Abitur schaffte, sollte Erwin seinen Einfluss geltend machen.

Wenn sie gewusst hätte, dass er tatsächlich ein bekannter Schriftsteller wird, hat sie gesagt, hätte sie sich nie scheiden lassen. Die hat sich ja mit der Begründung von ihm getrennt, dass er verrückt sei, weil er in einer Bude ohne Heizung am Brettertisch saß und schrieb. Das ist ihr absolut als Wahn erschienen.

Die Scheidung ist also von ihr ausgegangen?

Nein, von ihm. Aber selbst als sie geschieden waren, hat er sich eingebildet, sie könnten wieder zusammenkommen. Sie war der Typ Zirkusprinzessin, der ihm immer schon gefiel. Eine sechzehnjährige Schauspielerin bei so einer Schmierenbühne in Spremberg – in die hat er sich verliebt. Von Anfang an hatte sie andere Männer. Sie ist schuldig geschieden worden; die Kinder wurden ihm zugesprochen. Aber sie ist immer mal wieder aufgetaucht und hat ein Kind abgeholt. Das waren dramatische Geschichten. Die zweite Frau, Maria, hatte er in Berlin getroffen. Sie hat dann an Erwins Mutter geschrieben, dass sie ihn sucht und ein Kind von ihm hat. Du bist doch geschieden, hat die Mutter da zu Erwin gesagt, du kannst sie doch heiraten. Diese Maria war streng katholisch und hat sich dann zur Parteifunktionärin gewandelt. Als wir uns kennenlernten, war sie gerade Kreissekretärin des Kulturbunds in Spremberg. Nachher war sie beim FDGB, Gewerkschaft Kunst, und hat die Theaterleute in Senftenberg und Cottbus kommandiert. Auch später noch hat es diesbezüglich Beschwerden bei Erwin gegeben.

Wie viele Kinder hatte er eigentlich vor dir?

Vier, zwei aus jeder Ehe. Und wir haben drei.

Aber seine früheren Frauen sollten dir ja nicht ins Haus kommen?

Nein. Die zweite Frau habe ich mal gesehen. Sie wusste von meiner Existenz, aber nicht, dass ich hochschwanger war. Ich bin immer mittags vom Schriftstellerverband rüber ins Deutsche Theater, wo »Katzgraben« einstudiert wurde. Da sah ich einmal hinten im Zuschauerraum eine Frau sitzen. Sie war mir von Fotos in Erinnerung, es musste Maria sein. Erwin kam dann zu mir mit einem Schreckensgesicht: Die Maria ist da, ich muss mit ihr jetzt essen gehen. In der Gaststätte hat sie ihn *madig* gemacht, weil sie meinen Bauch gesehen hat. Und hat ihm immer noch Briefe geschrieben.

Sie glaubte nicht an eure Verbindung?

Sie wusste nicht, dass wir schon längst zusammenlebten am Strausberger Platz. Alle Welt ging schon bei uns ein und aus. Da war sie noch der Meinung, er wohne in der »Möwe«, wo ihm Helene Weigel eine Zeit lang ein Zimmer abgetreten hatte. Polizeilich angemeldet war er in Kleinmachnow bei Konrad und Marianne Schmidt. Dort habe ich immer seine Lebensmittelkarten abgeholt, er musste ja irgendwo eingetragen sein. Dann ist er bei der Schwester des Verbandssekretärs Werner Baum untergekommen, solange ihre Familie die große Wohnung hatte. Dann war er bei Brecht in Weißensee, und ich habe dauernd nach einer Wohnung für uns gesucht. Bis zu dem Tag, als in Berlin die große Demonstration zu Stalins Tod stattfand: Wir gingen alle die Treppe runter, ich hochschwanger, da rief mir KuBa, damals Sekretär im Verband, hinterher: Wollt ihr eine Wohnung in der Stalinallee? Jedem Künstlerverband waren fünf Wohnungen zugeteilt worden. Peter Edel erhielt eine, Franz Fühmann …, fünf Kollegen waren wir rund um den Strausberger Platz. Die 4-Zimmer-Wohnung dort hat uns überhaupt die gemeinsame Existenz ermöglicht. Anders wäre Erwin nicht reingekommen nach Berlin. Weil er keine feste Anstellung hatte, konnte er keine Wohngenehmigung kriegen. Doch eine Arbeit bekam er nicht, weil er keine Wohnung hatte und kein Berliner Bürger war. Ich bin zum Wohnungsamt gegangen, habe den Einweisungsschein geholt; den habe ich heute noch. 106,75 Mark Miete kostete die Wohnung.

Sie war auf dich eingetragen?

Nein, sie war auf uns beide geschrieben.

Obwohl ihr nicht verheiratet wart?

Danach hat niemand gefragt. Jedenfalls wohnten wir dort bis Oktober '54. Im Mai '53 habe ich die Wohnung bezogen, und er ist dann gekommen. Ich hatte ihm eingeprägt: Linie E von Alexanderplatz in Richtung Friedrichsfelde. Er: Das kann ich mir merken, Linie E, Linie Eva. Der Lift funktionierte noch nicht, die Wohnung war im 6. Stock. Als ich die Treppe hoch kam mit meinen Taschen, stand er da mit fünf Gerbera in der Hand. Zum ersten Mal in meinem Leben habe ich Gerbera gesehen. Wie er durch die Zimmer ging, hat er sich vom ersten Moment an zu Hause gefühlt. Er fuhr nach Weißensee, holte seine Sachen von Brecht und wohnte fortan bei mir. Dabei hatte er mir zunächst nur gestattet, die Wohnung sozusagen in seinem Windschatten zu mieten. Ich sollte dort mit den Kindern leben; er wollte sich eine Gartenlaube nehmen und da schreiben.

Also solltest du ihn mal besuchen kommen oder er dich. Und die übrige Zeit wollte er dich tatsächlich mit Ilja und Erwin alleine lassen?

Inzwischen ist mir klar: Er war damals noch nicht sicher, ob ihm die Trennung von der zweiten Frau gelingt. Sie hat, wie üblich in solchen Situationen, mit Selbstmord gedroht. Das war für ihn so belastend, dass er zeitweilig selbst nur noch diesen Ausweg sah. Das ganze erste Jahr, auch in der Schwangerschaft, hat es mich gequält, wie er sagte, sein Großvater väterlicherseits – der nach Kanada Ausgewanderte, von dem er sicher viele Talente geerbt hat (er findet sich ja im »Laden« wieder) – habe sich mit neununddreißig Jahren erschossen, und er würde das vielleicht auch müssen. Er käme nicht raus aus dieser Lage. Es sei ein riesiges Glück, dass er mich gefunden hat, aber er habe nicht die Kraft, sich zu befreien. In meinen

Briefen an ihn, es sind ja Hunderte Seiten, ein ganzes Konvolut, habe ich deutlich gemacht: Wenn du das nicht kannst, wird es mit uns nichts. Eine Doppelbeziehung kommt für mich nicht infrage. Aber so was war er gewohnt, das hat er über Jahre erlebt. Diese junge Frau, mit der Erwin ein Verhältnis hatte, hat ihn bedrängt und verflucht, umso mehr, als sie von seiner Scheidung hörte. Ist sogar ins Büro des Schriftstellerverbands gekommen, weil sie dachte, sie wird mich da sehen. Aber ich war verreist, wahrscheinlich mit ihm, dachte sie.

So viel Kampf um einen Mann ...

Was da im Hintergrund alles los war, du glaubst es nicht: Ans ZK hat die Maria geschrieben – flammende Briefe, in denen sie verlangte, die Partei solle uns auseinander bringen. Auch Edith Müller-Beeck hat sich dahin gewandt, weil sie vernarrt in ihn war. Eine Kinderbuchautorin, du wirst sie unter dem Namen Edith Bergner kennen.

Wie habt ihr euch eigentlich kennengelernt, Strittmatter und du?

Gesehen haben wir uns das erste Mal im Büro des Schriftstellerverbandes in der Taubenstraße, wo ich zunächst einen Vertrag als freie Mitarbeiterin hatte. Ich hatte ein Preisausschreiben zu den Weltfestspielen 1951 auszuwerten, sollte jedem, der einen Text dazu eingesandt hatte, eine Beurteilung schicken. Damit habe ich ein paar Monate lang mein Geld verdient. Ich saß also an der Schreibmaschine, zu Hause hatte ich keine, da ging hinter mir die Tür auf und jemand kam herein, dessen Konterfei ich kannte. Ich hatte ihn kurz zuvor im »Sonntag« abgebildet gesehen.

Also schon eine Art Berühmtheit für dich?

Das wäre übertrieben. Den Romantitel »Ochsenkutscher« hatte ich mir gemerkt. Jemand hatte bei einem Gespräch in der Humboldt-Universität (Kantorowicz wollte mich zeitweilig als seine Assistentin haben) mir gegenüber den Autor Strittmatter gelobt. Im »Sonntag« waren mir seine riesengroßen Augen aufgefallen, aber die dazugehörige Erzählung fand ich nicht gut. »Manchmal muss man drei Mal klingeln« – eine Propagandageschichte. Sie steht auch in Strittmatters Band »Eine Mauer fällt«, den ich verhindern wollte, den er aber doch unter der Ägide von Max Schroeder, damals Cheflektor des Aufbau-Verlags, veröffentlicht hat. Schroeder wird wohl mehr von Literatur verstehen als du, sagte er.

Du wolltest eine Strittmatter-Veröffentlichung verhindern?

Das war schon im November '52. Er hatte mir die Druckfahnen gegeben, und ich habe gesagt: Lass das sein, diese Texte fallen dermaßen hinter »Ochsenkutscher« zurück, Agitationstexte eben. Später hat er bereut, dass er nicht auf mich gehört hat. Der Band ist nie wieder aufgelegt worden. Aber erstmal ist er ziemlich wütend mit mir gewesen.

Weil er sich deinerseits nur Zuspruch vorstellen konnte?

Es kam eines zum anderen. Ich war schwanger, und er hat mir vorgeworfen, ich wolle ihn nur fesseln mit dem Kind. An diesem Novemberabend hatten wir im Bahnhof Mahlsdorf in der »Mitropa« gegessen, und ich hatte ihm dort schon gesagt, er solle die Geschichten nicht veröffentlichen.

So schlecht waren sie?

Sprachlich ausgearbeitet, aber ganz auf politische Aussage gestellt. Zum Beispiel die Titelgeschichte: Einer geht rum, um für den Stockholmer Friedensappell zu werben, die Leute wenden sich ab. Aber dann wird eine Mauer gesprengt, sie kriegen einen Schreck und unterschreiben. Fazit: Manchmal braucht es eine Mauer, die einstürzt, damit so eine Erkenntnis reift. Also wirklich, es hatte keinen Wert. Und wir – aus dem Bahnhof raus, durch Gartenstraßen – wir stritten. Ich gerade zweiundzwanzig und er so verloren, so unbehaust. Aus der Försterei musste er weg und wusste schlechterdings nicht, wo er bleiben sollte. Der einzige Ort für ihn wäre dieses Haus in Spremberg gewesen, wo er seine Stube, seine Bücher, die Familie hatte. Da steht er nun mit mir in der Landschaft rum, und es regnet. Ich bin ja sogar bereit gewesen, das Kind abtreiben zu lassen. Eine Ärztin hatte mir zu einem Medikament geraten. Aber es hat nicht funktioniert. Ach, ich habe alles Mögliche versucht, weil seine Verzweiflung so ungeheuer war. Na ja, und nachher hat sich alles binnen Jahresfrist reguliert.

Hat er dich so fasziniert, als du ihn kennenlerntest, dass du dir sagtest »Komme, was wolle«? Wenn man ihn auf Fotos sieht aus dieser Zeit …

Er war von mir so fasziniert, das war es. Ich hatte von ihm zunächst noch nichts gelesen außer dieser mäßigen Geschichte. Später hat er mir erzählt, dass er sich schon auf mich kapriziert hatte, als er mich zum ersten Mal sah. Bei einer Abendveranstaltung in der Bibliothek in der Otto-Nuschke-Straße haben wir uns wieder getroffen. Für Walther Victor, der sie leitete, hatte ich die Vorbereitungen übernommen. Erwin saß neben Paul Wiens, mir gegenüber. Später erzählte er mir, dass er Paul Wiens gefragt hat: Wer ist denn das, kennst du die? Er hatte sich vorgenommen, mich nach der Sitzung anzusprechen. Aber ich habe mich im Vorraum mit meinem Noch-Mann getroffen wegen der Scheidung. Und er sagte sich: Die hat ja schon einen anderen, es hat keinen Zweck. In Potsdam sind wir uns dann wieder begegnet bei einer Wochenendtagung der Arbeitsgemeinschaft junger Autoren, deren Leiter er war. Dort hat er sich an mich *gehängt*, und die Entscheidung fiel schon in jener Nacht. Seitdem waren wir zusammen. Wir hatten jeder anderswo Quartier, doch wir sind im Büro des Kulturbundchefs geblieben. Bis die Vögel anfingen zu singen, bis das Licht heraufkam. Er hat mich ausgefragt: Stimmt das, du warst schon verheiratet, du hast schon ein Kind? Er hatte sich aber auch über mich geärgert an jenem Abend. Es war Februar, Faschingszeit. Mit den jungen Autoren sind wir in eine HO-Gaststätte gezogen, ich habe getanzt wie verrückt. Hermann

Werner Kubsch hatte ebenso ein Auge auf mich geworfen. Zu dem hat Erwin gesagt: Lass die, siehst doch, was die wert ist.

Hat dir der Altersunterschied zwischen euch keine Sorgen gemacht?

Natürlich, es gab immer wieder solche Situationen, als wir schon zusammen waren. Da sehe ich seine nackten Füße und denke: Mein Gott, was machst du mit dem alten Mann! Du musst dir vorstellen, er hatte rechts oben keine Zähne, dachte immer, er kaschiert das irgendwie. Erst in der Folgezeit hat er angefangen, zum Zahnarzt zu gehen. Und er hat sich Haarsträhnen über die *Glatze* gelegt, was er später zutiefst verabscheute. Achtzehn Jahre Altersunterschied. Aber gleichzeitig hat er mich beeindruckt, weil er so viel wusste. Und er hat mich auch sofort literarisch eingenommen, nachdem ich ihn in Potsdam getroffen hatte. Wir haben uns Sonntagabend getrennt auf dem Ostbahnhof, er ist nach Spremberg runter, ich bin zu mir nach Mahlsdorf gefahren. Am Montag habe ich mir sofort aus der Bibliothek den »Ochsenkutscher« geholt, den Band »Neue Deutsche Erzähler« mit seinem Text »Der entminte Acker« und die »Neue Deutsche Lyrik« mit seinem berühmten Gedicht »Du«. Das Gedicht habe ich natürlich zuerst gelesen, dann die Erzählung, schließlich den Roman über Nacht und am nächsten Tag. Das war ein Dienstag, und es war schon ein Brief von ihm da: »Eva! Ob ich Dir wirklich schreiben soll? Deine Zustimmung beim Abschied war nicht sehr ermunternd … Freilich hast Du in jener eigenartigen Morgenstunde gehaucht: ›Ich mag dich‹ …«

Diesen Brief habe ich in dem Band »Erwin Strittmatter. Eine Biographie in Bildern« gelesen, ebenso wie deine Antwort, in der du von deiner Suche nach Güte, Verstehenwollen sprichst, von deinem Bedürfnis nach Wärme, »die alle Spannungen zu lösen weiß«.

Von da an jedenfalls ist unsere Verbindung nicht abgerissen. Er war zwar in Spremberg, es war schwierig mit dem Telefonieren. Doch er hat mich immer im Verband angerufen. Na ja, es war alles höchst verdreht.

War es also eine große, bebende Liebe für dich?

Eine große Liebe.

Doch du musstest immer warten, dass er sich meldet …

Da brauchte ich nicht zu warten, er hat sich immer gemeldet. Und er hat jede Gelegenheit genutzt, um nach Berlin zu kommen oder nach Potsdam, um in Berlin Station zu machen. Ab Mai war er dann sowieso da. Seine Firma war quasi das »Berliner Ensemble«: Mit Brecht zusammen hat er »Katzgraben« inszeniert. Nach Spremberg ist er nur noch selten gefahren, um nach den Kindern zu sehen. Dabei hatte er Angst, dass die Frau mitbekommt, was los ist. Um Ruhe zu haben, hat er die absurdesten Sachen gemacht. Weil sie alles durchstöberte, hat er zum Beispiel einen Brief an sich selber fabriziert, quasi mit meiner Adresse und Unterschrift, und hat darin vorgegeben, ich sei eine Studentin, die über »Ochsenkutscher« arbeiten will. Das hat er mir später erzählt.

Hat es ihm gefallen, dass du euer Kind Erwin genannt hast?

Danach habe ich ihn nicht gefragt. Das Kind bekam unsere beiden Namen: Braun von mir, Erwin von ihm.

Das heißt also, der kleine Erwin hieß zunächst gar nicht Strittmatter?

Erst seitdem wir geheiratet haben. Und der Kleine wollte den Namen Strittmatter nicht. Ich heiße Erwin Braun, hat er immer gesagt. Er hatte eine heikle Beziehung zu seinem Vater. Sie sind auch im Unfrieden auseinandergegangen ein paar Wochen vor Erwins Tod. Der Auslöser war eine Dokumentation über Inge Keller. Uns hatte sie sehr beeindruckt. Doch Erwin junior *mäkelte* schon an der Formulierung »große alte Dame des Deutschen Theaters« herum. Daraufhin hat Erwin – der Vater – gesagt: Ihr jungen Leute könnt überhaupt nichts gelten lassen, gar nichts. Und ist empört vom Tisch aufgestanden, das war schrecklich. Und hat geweint. Er sagte: Ich gehe nach oben. Obwohl er schon gar nicht mehr allein die Treppe schaffte; ich habe ihn hochgeschoben. Nach einer Weile kam er runter und wollte mit dem Jungen Frieden schließen, aber der war mit seiner Freundin schon weg. Später hat er in Berlin angerufen und sich entschuldigt – aus Furcht, ich könnte ihm meine Gunst entziehen. Dabei war er so bedürftig in seinem Zustand, das hätte gar nicht passieren können.

Ein ganzes Leben zusammen und immer in Unsicherheit?

Das war ein so heikles Verhältnis mit ihm, so ein merkwürdig duales System war diese Beziehung zwischen uns. Natürlich zu verschiedenen Zeiten verschieden. Stabil war ich in meinen Gefühlen bis zum Sommer '55, bis die Scheidungsunterlagen von seiner zweiten Frau hier eingegangen sind. Er saß im alten Haus an seinem Schreibtisch. Ich hatte von ihm die Erlaubnis, ihm über die Schulter zu gucken. Da sah ich die Scheidungspapiere und konnte lesen, dass der letzte Sexualkontakt mit seiner Frau im August '53 war. Der kleine Erwin war schon im Juni geboren. Das hat mir einen solchen Schlag versetzt, dass ich mich eigentlich von ihm trennen wollte. Ich sehe mich noch am Fenster des vorderen Zimmers stehen und rausgucken auf die gegenüberliegende Böschung, wissend, das schaffe ich nicht, das schaffe ich psychisch nicht und das schaffe ich ökonomisch nicht, dass ich die beiden Kinder, Ilja und Erwin, alleine durchbringen soll. Da gibt es von mir ein Gedicht unter den noch unveröffentlichten, »Das Dach«: Aber ich siege so oder so, ich bin nicht so schwach, wie ich mir manches Mal schamvoll erscheine. Nie hätte ich das Dach zerstört, unter dem meine Kinder leben. Solche Situationen hat es im Laufe der Jahrzehnte immer wieder gegeben. Später habe ich viel schrecklichere Dinge erlebt und erfahren, die das Dach hätten einbrechen lassen können.

Das war deine Verunsicherung. Aber wie war es bei ihm?

Er war absolut überzeugt, dass unsere Bindung gottgewollt ist und nie zerbrochen werden kann. Durch gar nichts, was irgendwie passiert. Ich dagegen war zufallsgläubig. Ich habe immer gedacht, alles im Leben ist Zufall. Er war der Meinung, es ist alles gesetzmäßig und vorherbestimmt. Wenn wir uns nicht an diesem Tag da und da getroffen hätten, wären wir uns an einem anderen Punkt begegnet. Woraufhin ich sagte: Das ist völliger Unsinn, das kann nicht sein. Du denkst, es war vorherbestimmt, dass du den Krieg überlebt hast, doch es können Hunderttausende hochbegabter Menschen verloren gegangen sein in diesen Zeiten. Das kann nicht sein, dass all denen vorherbestimmt war zu vergehen.

Das klingt, als ob ihr oft solche Wortwechsel hattet. Hat er die Gegenmeinung gesucht, gebraucht?

Ja, er hat das gebraucht. Was denkst du, wie viele solcher Auseinandersetzungen wir hatten. Wir haben hier an diesem Tisch, schon im alten Haus, zu unseren sogenannten Küchengesprächen gesessen. Oft haben wir bedauert, dass wir das nicht aufgezeichnet haben. Ich hatte die Idee, solche Küchengespräche zielstrebig zu führen, ihn zu fragen, woher er die Figuren seiner Werke genommen hat, wo Personen zusammengeführt worden sind in einer Gestalt oder Erlebnisse, die aus verschiedenen Orten und verschiedenen Zeiten stammen. Heute sage ich mir, ich hätte mich viel mehr interessieren müssen.

Hattest du das Gefühl, alles über Erwin zu wissen?

Hatte ich. Aber inzwischen habe ich begriffen, dass es nicht so war. Zunächst war ich der Meinung, dass Ja bei ihm Ja bedeutet und Nein auch Nein. Später habe ich begriffen, dass er ziemlich geschickt lügen konnte, bis zum Wahn, bis zum Exzess, dass er sich dabei beinahe zerrissen hat oder alles hätte zerschmettern können. Wenn ich ihn dann nach einiger Zeit gefragt habe: Sag mal, wie war das denn nun wirklich? Dann hat er gesagt: Na genauso, wie du vermutet hast. Da hast du immer das Gefühl, du gehst auf dünnem Eis.

Aber hat er denn von dir alles gewusst?

Keineswegs, sonst wäre alles geplatzt. Denn meine Gedichte in »Liebe und Haß« sind ja auch nicht aus blauen Wolken entstanden. Er war rasend eifersüchtig, hat immer was befürchtet, aber er hat die Dinge, die passiert sind, nicht gewusst. Dass ich zum Beispiel schon sehr zeitig eine Liaison mit Kurt Stern hatte, aus Wut über ihn, weil er mich so giftig behandelt hat, als er 1955 für »Tinko« den zweiten Nationalpreis kriegen sollte. Ich sehe es noch vor mir: Er fand irgendwas nicht, eine schwarze Krawatte oder wer weiß was wollte er haben. Und ich musste unbedingt noch mit ihm in ein Geschäft gehen, wo es Hüte, Stöcke, Schirme, Mützen, Krawatten, Taschentücher und so'n Zeug gab. Da standen mehrere Leute an, und eigentlich war es ganz überflüssig, er brauchte nicht unbedingt was Neues. Die Zeit drängte. Ich war mit eingeladen und musste mich auch zurechtmachen. Aber das hat ihn nicht interessiert. Am Abend haben wir gefeiert, Jeanne und Kurt Stern hatten für ihr Drehbuch zu »Stärker als die Nacht« auch einen Nationalpreis bekommen, und Kurt hat angefangen, mit mir zu poussieren. Ich auch mit ihm. Aber das war richtig aus Grimm. Ich dachte: Du hast mich so gemein behandelt, so unflätig beschimpft. Und bloß irgendwelcher *Klamotten* wegen.

War Erwin denn so sehr auf sein Äußeres bedacht?

Er hat sich immer bestimmte Dinge in den Kopf gesetzt, die er haben wollte, die er brauchte. Wenn wir ins Ausland fuhren, hat er mich stundenlang durch die Gegend geschleppt. Zum Beispiel in Frankfurt (Main) bei scheußlichstem Wetter eine ellenlange Straße runter, weil er eine Daunenjacke wollte wie Hermann Kant. Wir haben dann einen Dreiviertelmantel gekauft, den hat er ein-, zweimal angehabt, nicht mehr. Oder, du glaubst es nicht: Wir sind kilometerweit durch Salzburg gelaufen im Sommer '83, weil er die Adresse einer Buchhandlung hatte, die esoterische Literatur verkaufte. Da mussten wir in größter Hitze schnurstracks durch den Mirabellpark und weiter und weiter auf der Suche nach diesen *spinnerten* Büchern, anstatt uns in den Park zu setzen. Solche Dinge gab es immer. Er wusste genau, was er wollte, und ich wusste es auch. Wenn ich unterwegs war, habe ich nur für ihn Dinge besorgt. Bloß einmal habe ich mich anders verhalten, auch im Jahre '83. Das hat er mir so verübelt, es steht in seinem Tagebuch. Ich war in Heidelberg und habe ihm nicht die kleinste Kleinigkeit mitgebracht, nur Bücher für mich.

Und die Kinder, Erwins Kinder aus früheren Ehen? Hat er, hast du zu ihnen noch Beziehungen gehabt?

Die erste Ehefrau habe ich nur per Telefon kennengelernt. Wir waren in Düsseldorf, das muss '64 gewesen sein, als er für »Ole Bienkopp« den Nationalpreis bekam. In der Riesenaula der Werner-von-Siemens-Schule sollte er mit Max von der Grün zusammen auftreten. Er hatte irgendwo eine Besprechung, da klingelte im Hotel das Telefon: Hier ist Waltraud. Sie hat uns zu sich eingeladen. Auf die hatte er sowieso einen *Rochus*, weil sie Ulf, den Ältesten, 1954 zu sich nach Westdeutschland gelockt hat. Vorher war er jedes Wochenende zu uns gekommen. Als er einmal nicht auftauchte, hat Erwin den Direktor des Gutes bei Nauen angerufen, wo Ulf in die Lehre ging. Und musste erfahren: Der ist weg nach Westdeutschland zu seiner Mutter.

Aber erst hat die Frau doch im Osten gewohnt?

Dann hat sie den zweiten Mann gedrängt, dass er sein Haus verkauft in Wittenberge und mit ihr in den Westen geht. Vorher hatte sie Ulf immer mal geholt und wieder weggeschickt, so wie es ihr passte. Er hing wahnsinnig an der Mutter. Von klein auf war er meist mit ihr zusammen gewesen, während der Jüngere, Knut, bei Erwins Mutter groß geworden ist. Knut, inzwischen auch im Ruhestand, war ein großer Schafspezialist in der DDR.

Das waren Uwe und Thomas. Uwe hat etwas Naturwissen-
schaftliches studiert und Thomas Kulturwissenschaft. Ich
kenne sie alle, aber Knut steht mir am nächsten. Er hat fast
zehn Jahre bei uns gewohnt, ist in Rheinsberg bis zum Abitur
zur Schule gegangen. Und auch später habe ich ihn betreut,
Wäsche gewaschen, Geburtstagsfeiern ausgerichtet in Berlin
und so weiter. Als er dann geheiratet und seine Frau sich so
aufgespielt hat, dass das Verhältnis zu uns praktisch zerstört
war, habe ich sehr gelitten. Schon dass Ulf *abgehauen* war, hat
mir wehgetan, denn er hatte sich eng an mich angeschlossen.
Wenn er am Wochenende da war, sind wir untergehakt einkaufen gegangen. Und dann ist er weg, du fällst aus allen Wolken. Knut kam zu uns, hat sich ausgeklagt, aber er hing an
der Frau, bis sie auf Dauer einen anderen hatte. Knut hat vier
Kinder: Judka, die Ältere, und Anke, die sich aber Anna Strittmatter nennt, die Kleine, einen Sohn, John, und noch einen
weiteren Sohn, Till, mit einer Doktorandin von ihm. Diese
Beziehung ist dann auch auseinandergegangen. Jemand hatte
mir ein großes Interview mit Knut geschickt, das vor einigen
Jahren in der »Bauernzeitung« stand. Da wird er gefragt, ob er
seinem Vater verzeiht, dass er sich nicht um ihn gekümmert
hat. Er sagte Ja. Er seinerseits gedenke, es besser zu machen.
Er wendet seinen Kindern alles zu und unterstützt sie finanziell. Als hätte Erwin das nicht getan. Die sind doch dauernd
bei ihm zum Geldschalter gekommen! Ständig wollte jemand
was aus der Sippe. Es ging ja schon los mit Bruder Heinrich.
Der war so ein Lebemann, hatte dauernd irgendwelche Wei-
bergeschichten und zwei uneheliche Kinder. Die brauchten
Unterstützung. Oma Lenchen hat Erwin was vorgeweint.
Oder Heini wollte ein Motorrad. Dann kam die Cousine,
der man die Kuh verhext hatte. Das Tier war eingegangen,
also wieder dreitausend Mark für eine Kuh. Die Eltern hat
er laufend unterstützt. Und die Kinder können sich sowieso
nicht beklagen. Er selbst hat alle Hebel in Bewegung gesetzt,
dass Ulf besuchsweise wieder einreisen konnte, was sonst für
Republikflüchtige kaum möglich war. Ulf war dann bei uns in

Schulzenhof mit der ersten Frau und hat geguckt, ob er nicht eine Geflügelfarm aufmachen könnte. Nachher ist er aber ins Bankwesen *eingestiegen*. Lebt jetzt in zweiter Ehe und hat zwei Töchter adoptiert. Ulf und Knut haben eine ganz enge Beziehung zueinander, sind sich gegenseitig Halt.

Und deine Kinder? Hat sich Erwin viel um sie gekümmert, als sie noch klein waren, oder hatte er vor allem mit sich selber zu tun?

Er hat gezaubert, viele Dinge mit ihnen gemacht. Aber die beiden Kleinen, Matti und Jakob, hatten einen ganz anderen Vater als Ilja und Erwin. Früher war er viel rigoroser, strenger, viel stärker auf die Arbeit konzentriert, die Kinder kamen sozusagen in seinem Lebensplan kaum vor. Er spürte zunächst überhaupt keine Neigung, noch mal zu heiraten und eine Familie zu haben. Er hatte doch schon zwei Schwiegermütter, zu meiner Mutter fand er gar kein Verhältnis. Und sie hat ihn so verabscheut. Wie oft hat sie sich gewünscht, dass der Kerl sich den Hals brechen soll, aber er bricht ihn sich nicht. Später hat sie abgestritten, so etwas gesagt zu haben, es war aber so. Von ihrem Standpunkt aus hatte sie auch recht. Sie hatte Ilja aufgenommen, als ich keinen Krippenplatz hatte. Der war so klein und in schlechter Verfassung in diesem Sommer '51. Sie hat ihn rausgefüttert, gesund gekriegt. Sie war immer da, hat uns so viel geholfen. Ohne sie wäre es nicht gegangen. Aber das hat Erwin als selbstverständlich registriert, während er seinen Eltern gegenüber die Verpflichtung fühlte, sie jedes Jahr zwei Wochen nach Schulzenhof zu holen, zu bewirten und zu betreuen. Oder wir sind hingefahren und haben alles gemacht. Ich habe da gekocht und gewirtschaftet, weil die Mutter schon schwerfällig war. Sie hat es genossen, dass ich das Hauswesen übernahm. Während meine Mutter diejenige war, die unsere Kinder bei sich hatte. Er war ja nicht mal bereit, mich nach Neuruppin zu fahren, als die Kinder eingeschult wurden. Da steht die Oma alleine da, Erwin junior in langen Hosen mit der Tüte, und Ilja fotografiert.

War das nicht schlimm für die Kinder, wenn die Mama nicht da war?

Und für mich! Was glaubst du, wie ich gelitten habe und wie ich Erwin zeitweilig gehasst habe deswegen. Weil er überhaupt kein Verständnis dafür hatte, dass mich das so bewegt und erschüttert. Aber du musst verstehen: Ich war so bezaubert und so vergnügt an seiner literarischen Existenz. Es war für mich wirklich wie Zauberei. Ich habe seine Sprache und seine Fähigkeit zu erfinden, zu fabulieren, geliebt. So viel konnte er gar nicht falsch machen, obwohl ich oft genug zornig war, aber ich habe es mir nicht anmerken lassen. Und bei uns war es so: Wenn ich nicht immer um Verzeihung gebeten hätte für das, was er mir angetan hat, wären wir schon vor Jahrzehnten auseinandergeprellt.

Er konnte nicht einlenken mit einem freundlichen Wort?

Er war nicht imstande zu sagen: Das tut mir leid. Er konnte sich so verhärten, so verbittern. Freilich, als wir 1986 das letzte Mal zur Kur in Piešťany waren, war es anders. Da hatte er überhaupt eine schwere Zeit mit seiner Gesundheit und vor allem mit seiner Arbeit. Die Versorgung dort war auch heikel. Als Diabetiker brauchte er Obst. Es gab einen winzigen Laden im Zentrum der Stadt, wo man Äpfel bekam, Zitronen, Radieschen, der war immer sehr voll. Ich habe mich angestellt, er promenierte draußen in der Sonne. Als ich rauskam, sagte er: Ich habe eben so überlegt, was ich dir alles angetan habe. Dass du das alles ertragen hast! Was ich dir bloß alles angetan habe in meinem Leben! – Wieso?, erwiderte ich. Was hast du mir denn angetan? Du hast mir doch nichts angetan.

Späte Einsicht, als er sich schon schwach fühlte …

Die letzten Jahre unseres Lebens waren so schwer, das kann ich dir gar nicht sagen, wie schwer dieses Altern war für ihn. Das war noch einmal ein ganz anderes Kapitel: dieser Kraftverlust, dieses Fühlen, dass es irgendwie aufs Ende zugeht.

Er hat sich ja eigentlich noch fabelhaft gehalten mit dieser Krankheit. Noch im Oktober '93 ist er alleine mit dem Auto zu Heinrichs Geburtstag nach Bohsdorf gefahren. Ich hatte zu der Zeit die Grippe, und als er nach vier Tagen wiederkam, hat er sich wahrscheinlich bei mir angesteckt. Er konnte und konnte sich nicht erholen von dem Infekt, war so schwach und krank. Wir sind dann am 16. November mit ihm zum Arzt nach Gransee, Henry und ich. Er sollte zum EKG. Doch ehe wir uns versahen, hat der Arzt noch eine Röntgenaufnahme gemacht. Seine Ärztin war zu Hausbesuchen unterwegs. Wir waren schon am Weggehen, denn es war Mittagszeit, da kam sie uns auf der Treppe entgegen und überredete uns, mit ihr nach oben zu gehen. Sie hat die Platte aufgehängt, und selbst ich konnte sehen, dass die Lunge völlig zersetzt war. Er hatte eine Pelzkutte mit Kapuze an und saß auf dem Stuhl. Sie stand da und sagte: Sieht böse aus. Er darauf: Also das Ende. Dann sind wir los, und schon beim Runtergehen und beim Fahren haben Henry und ich aus Leibeskräften in ihn hineingeredet, dass das Unsinn ist, dass die Schneider sich das einbildet, dass sie sich nur wichtig machen will. Am letzten Tag, als das Archiv des Regierungskrankenhauses noch zugänglich war, habe ich Erwins Röntgenaufnahmen rausholen können. Da zeigte sich: Schon 1986 war etwas zu sehen an dieser Stelle. Dass der Krebs 1993 regelrecht vorwärtsgerast ist, habe ich mir im Nachhinein mit Erwins Leistenbruch-Operation im Februar dieses Jahres erklärt. Er hat eine Sauerstoffmaske bekommen, und es heißt ja immer, der Krebs wird wild, wenn Sauerstoff rankommt. Auch als wir uns nicht mehr darüber hinwegtäuschen konnten, haben wir Erwin eingeredet: Das ist die Grippe. Zuletzt, am 26. Januar hat er in sein Tagebuch geschrieben: Die wunderbare Eva telefoniert umher. Jetzt heißt es wieder, es ist der Zucker, alten Menschen würde zuviel Insulin gespritzt oder was, dann kommt dieser Schwächezustand, oder es ist die Grippe. Am 31. Januar ist er gestorben.

Eigentlich gut, dass er sich über den Ernst seiner Lage nicht klar war. Wenigstens hat er keine quälenden Chemotherapien mehr erleiden müssen, hat zu Hause die Augen zugemacht. Vielleicht ist es ja richtig, das Lebensbedrohliche nicht wahrnehmen zu wollen, bei anderen nicht und auch nicht bei sich selbst.

Nein, was mich betrifft, fühle ich immer wieder die Instabilität meiner Situation. Ich stehe ja unter dem Verdikt, dass ich jeden Moment querschnittsgelähmt sein könnte. Der Spinalkanal hat bei mir nur noch zwei Prozent Durchlässigkeit. Achtundneunzig Prozent sind blockiert. Das geht so seit 1998, als ich den ersten Bandscheibenvorfall hatte. Meine Füße sind schon angelähmt. Ich liege nicht umsonst so viel, weil auch die Nierenfunktion nicht in Ordnung ist. Aber lassen wir das jetzt.

Willst du dich lieber wieder hinlegen?

Nein, es geht schon noch.

Du bist hier die Hauptperson. Es soll ein Buch über dich werden, auch wenn immer wieder von Erwin die Rede ist. Du bist am 8. Februar 1930 in Neuruppin geboren. Warst du ein selbstbewusstes Kind? Auf jeden Fall warst du ein schönes Kind, das ist klar.

Es hieß, ich sei sehr wild gewesen. Andererseits habe ich von früh an gern gelesen, was meinen Freundinnen gar nicht gefiel. Wenn wir mit Puppen gespielt haben, habe ich mich nämlich oft *verdrückt.* Der Maurermeister bei uns gegenüber hatte vor seinem Haus eine Art Vorbau – die Tür war etwas zurückgesetzt und hatte links und rechts Podeste, auf die man sich setzen konnte. In diese Ecke bin ich mit meinem Puppenwagen gefahren, mein Buch aus der Schulbibliothek hatte ich im Wagen, und habe gelesen. Wenn meine Freundinnen mich fanden, maulten sie: Jetzt sitzt sie und liest. Da habe ich gesagt: Ich bin jetzt im Café und lese.

Im Café? Interessant.

Dabei hatte ich noch nie ein Café gesehen.

Aber du hast dir so was vorgestellt. Hast du dir für dein Leben erträumt, dass du lesend im Café sitzt?

Ja, ich besinne mich: Es ist erstaunlich, wie deutlich die Tagträume waren. Ich habe mich gesehen, meine Erscheinung und die Leute, mit denen ich zu tun hatte. Sie kamen aus einem anderen Milieu als ich, sahen ganz anders aus, waren anders gekleidet. Vielleicht kam das von meiner Tante Wanda aus Berlin, die kinderlos war, mit einem tuberkulösen Kommunisten verheiratet und sehr elegant für unsere Verhältnisse. Die Wanda hat manchmal was hergegeben zum Umschneidern für mich. Ich hoffte immer, von ihr irgendwas Schönes zu kriegen. Zum Beispiel eine Umhängetasche, die war mein Traum, aus dunkelblauem Leder. Und dann hatte sie einen hellgrauen, ganz leichten Pelzmantel, so eine Art Lamm. Ich weiß noch, sie hatte meiner Mutter von sich einen großkarierten Mantel gegeben, hell und braun in verschiedenen Schattierungen, halsfern, ohne Kragen. Den hat die Mutter für mich zurechtgeschneidert. Der Ausschnitt blieb natürlich. Es waren auch herrliche Knöpfe dran. Dazu hatte sie einen Schal aus Seide, braun mit weißen Tupfen, der wurde in den Ausschnitt reingebunden.

Ich verstehe: Das war nicht nur ein Mantel, das war ein Lebensentwurf voller Sehnsucht nach Schönheit.

Ich hatte ein Idealbild von mir: Ich sah mich in einem hellen Trenchcoat, einer Baskenmütze, mit hellen Lederhandschuhen, gelbem Lederkoffer, Umhängetasche und mit einem Terrier an der Leine – das war wohl das falscheste Bild, das ich mir je von mir machen konnte.

Eine selbstständige Frau, die sich sehr elegant im städtischen Milieu bewegt?

Dann habe ich mir noch einen Mann dazu vorgestellt.

Und wie sollte der sein?

Ein Arzt oder so was. Ein bürgerlicher Mann, groß, schön, mit distinguierten Umgangsformen. Nicht so wie meiner, der das *Vulgäre* seines Milieus behalten, ja geradezu kultiviert hat. Zwar konnte er auch anders, aber … Er vermochte nicht die Atmosphäre zu schaffen, die ich mir gewünscht hatte für mein Leben. Es war lediglich das Bäuerliche, Rustikale.

Du hättest dir ein Haus anders gebaut und eingerichtet, wenn es dein eigenes gewesen wäre?

Na, sicher doch.

Aber auf den Fotos in der Bildbiografie über Erwin Strittmatter siehst du wunderbar aus, wie du oben auf dem Heuwagen sitzt, wie du im Kopftuch einen Schlitten mit Holz belädst oder mit Erwin durch den Schnee stapfst. Eine Idylle des Landlebens – so empfindet man das.

Es gab Momente, wo es so war. Aber die Lasten standen dazu in keinem Verhältnis. Und es wiederholte sich das, was schon in meiner Kindheit das Übel war: dass ich nirgendwo ruhig sitzen konnte mit einem Buch. Gleich tauchte meine Mutter auf und sagte: Evchen, Evchen, komm her, mach mal dies oder das. Das habe ich besonders in den ersten Jahren mit Erwin als schlimm empfunden. Zum Beispiel hatte ich den Auftrag vom Schriftstellerverband, für das 1956er Referat von Anna Seghers die Vorarbeit zu leisten. Fünfzig Bücher habe ich zu diesem Zweck gelesen und zu jedem einzelnen eine kurze Expertise gemacht, als Grundlage für Annas Referat. Darüber war er wütend. Er sagte: Das sollst du nicht, das hast du nicht nötig. Er hat sich so aufgeregt über mich. Aber ich musste weg, hatte einen Termin in Berlin. Da hat er einen Tobsuchtsanfall gekriegt und mich beschimpft: Du Schlange, du Drache, du hast mich getäuscht. Du willst also hier nicht mitmachen. Jetzt bin ich wieder mit allem allein. Es war schlimm, quasi hat er mich rausgeschmissen. Und ich hatte kein Geld, nur noch fünfzig oder siebzig Pfennig in der Tasche. Dafür konnte ich mir keine Fahrkarte kaufen. Also habe ich mich aufs Rad gesetzt und bin die über fünfzig Kilometer nach Oranienburg gefahren, da war eine Fahrradaufbewahrungsstelle, dann mit der S-Bahn zum Alex und mit der U-Bahn für zwanzig Pfennig zum Strausberger Platz. Dann konnte ich mir von der Postbank, von meinem Konto, Geld abholen. Doch nach zwei oder drei Tagen war ich schon wieder da und habe ihn um Entschuldigung gebeten.

Er war eifersüchtig auf deine Arbeit?

Ja, ich sollte bloß die Wirtschaft hier mitmachen, wovon vorher überhaupt keine Rede war. Ich weiß noch, wir lagen in meinem Bett in Mahlsdorf, in der Wohnung, die ich noch von meinem ersten Mann hatte. Die Couch hatte ich von meiner Mutter. 1939 in einer Aufwallung von Stabilisierung ihrer Verhältnisse hatten sich die Eltern diese Couch anfertigen lassen und vier schöne Stühle mit Rohrgeflecht, die ich auch mit in die Ehe bekam. Dazu ließen wir uns einen quadratischen Tisch bauen. Ich lag also mit Erwin auf der Couch am frühen Morgen und ich habe geredet, geredet. Er wollte alles wissen von meiner Kindheit und Familie. Da hat er gesagt: Du musst unbedingt schreiben. Du erzählst ja so großartig. Und ich habe geantwortet: Ich will lieber nicht schreiben. Ich will dich lieber lieb haben. Zuvor hatte ich den »Ochsenkutscher« gelesen, der mich überwältigt hat. Auf diese Worte hat er sich später berufen: Du hast mir versprochen, du wolltest mich lieb haben und jetzt reist du dahin und machst das und das … Wie Verrat hat er das empfunden, obwohl er dann begeistert war von meinen Gedichten. Aber rasend eifersüchtig war er, wenn ich über jemand anderen geschrieben habe, zumal wenn es ein Mann war. Wegen eines Artikels über Dieter Noll hat er mich eine Zeit lang nur »Frau Noll« genannt.

Schriftsteller wollen immer nur selber gelobt sein.

Seine Sicherheit war ja wesentlich an mich gebunden. Das war, wie gesagt, schon sehr früh so, seit wir uns über »Eine Mauer fällt« in die Haare bekommen haben.

Hast du später auch seine Werke beurteilt und ihm deutlich die Meinung gesagt?

Natürlich. Was denkst du, was das für eine Katastrophe beim »Wundertäter I« war. Ich sehe jetzt bei der Lektüre seiner Tagebücher, dass er das nur sehr filtriert an sich herankommen ließ. Da steht bloß, Eva hatte wohl doch recht, als sie das und das sagte. Aber es war richtig auf Messers Schneide. Ich wollte nach Berlin zu irgendeiner Verabredung und war im Begriff loszuradeln. Da hat er mein Rad festgehalten und gesagt: Wenn du jetzt wegfährst und dann nach Hause kommst, existiert der Roman nicht mehr. Ich stecke ihn in den Ofen. Ich hatte nämlich ein paar grundsätzliche Dinge einzuwenden, insbesondere zu dem Teil, der beim Militär spielt. Ich habe gesagt: Das ist kein Entwicklungsroman, sondern ein reines Abnormitäten-Panoptikum, es fehlt deine Entwicklungslinie, es gibt nur eine Unmenge von Personen, die mangelhaft charakterisiert sind. Ich habe dann ein Konzept gemacht, um Figuren zusammenzuführen und den ganzen Entwicklungsbogen zu verändern. Er war so wütend. Und ich konnte den Termin in Berlin nicht mal absagen, musste einfach die Leute brüskieren und sitzen lassen.

Weil ihr kein Telefon hattet?

Erst 1965 haben wir einen Anschluss gekriegt. Das waren Privilegien, die einem der Verband verschaffte. – Erwin jedenfalls hat erstmal nur gewettert: Und doch wird es ein großer Roman! Auch wenn noch mehr Stubengelehrte kommen wie du! Dann hat er sich ins Bett geschmissen in seinem Arbeitszimmer im alten Haus und hat sich die Decke über den Kopf gezogen. Nach drei Tagen kam er raus und präsentierte mir sein Konzept, das eigentlich meines war: So und so würde er es machen. Wie es wirklich war, hat er nicht mal für sich selbst, in seinen Tagebüchern, zugegeben. Irgendwo in seinen Tagebüchern steht, »das Gute an Eva ist, in dem Moment wo ich Schwierigkeiten habe, lässt sie sofort alles fallen, was sie in der Hand hat und wendet sich meinen Sachen zu«. Das Gute an mir! Er hatte ja viel an mir auszusetzen, zum Beispiel meine Trägheit. Wenn ich mehr arbeiten würde, meinte er, könnte ich mehr leisten.

Er sah wohl gar nicht, wie du mit den Kindern zu tun hattest?

Ich hatte mit Vielem zu tun. Das Haus voller Gäste. Und über sechs Jahre keine Wasserleitung. Jeden Eimer Wasser musste ich von der Pumpe holen, jeden Eimer Spülwasser raustragen zum Misthaufen hinterm Stall, ein ganzes Ende weg. Die Kinder mussten gebadet werden. Das Wasser wurde auf dem Kochherd erwärmt, wir hatten ja kein Gas zu der Zeit. Wir hatten eine Kochmaschine, die mit Holz und Kohle geheizt wurde. Und das war alles meine Aufgabe.

Du warst eine Bauersfrau hier.

Genau. Und das hat ihm gefallen. Je mehr ich Bauersfrau war, umso besser. Aber irgendwelche intellektuellen Frauen, die ihn *angehimmelt* haben, fand er natürlich *charmant*.

Doch wirklich geliebt hat er die Bauersfrau?

Ja, sicher. Er war mir verfallen vom ersten Tag an. Und er hat es auch gewusst. Zu jemandem von den jungen Autoren damals in Potsdam hat er gesagt: Das ist entweder mein Untergang, diese Frau, oder das ist für mich jetzt erst das wahre Leben. Und dieser Mann ist zu mir gekommen und hat gesagt: Eva, was machst du! Der Erwin hat doch Familie! Ich antwortete: Das weiß ich ja. Er war geradezu besessen und wirklich sehr, sehr stark. Aber die Gegenkräfte waren es auch. Dass KuBa gefragt hat »Wollt ihr eine Wohnung?«, war für uns die Rettung. Ich weiß überhaupt nicht, wie wir sonst aus der *Bredouille* hätten rauskommen sollen. Im Nachhinein scheint doch alles vorbestimmt. Bis zu dem Friedhof, wo er jetzt liegt. Und wir gehen immer da vorbei mit Henry, und Henry sagt: Ach, er wäre mit uns zufrieden, wenn er sehen könnte, was wir alles am Haus gemacht haben, die Einfahrt, den Weg.

Kann man sich das so vorstellen: Du bist früh aufgestanden, hast Feuer gemacht, Frühstück?

Ich hatte dann allerdings auch immer eine Nachbarin, Tante Else, die mir fünf Stunden geholfen hat. Erst sechs Tage, dann fünf, als die Fünf-Tage-Woche eingeführt war. Das fand Erwin gar nicht gut. Was soll Onkel Herbert denken, der war sieben Tage für die Pferde da. Ich darauf: Na, das steht im Gesetz, und so wird's gemacht. Er: Nein, du verwöhnst sie maßlos.

Es war allerdings nicht üblich, in der DDR Bedienstete zu haben?

Nein. Aber wir brauchten jemanden, vor allem für die Kinder, dass jemand in unserer Abwesenheit bei ihnen ist. Ein junges Mädchen am besten, doch wir fanden keine, die hier draußen Fuß fassen konnte. Unter dem Namen Erwin Strittmatter haben wir in der »Wochenpost« annonciert: Hausmädchen oder Helferin gesucht. Daraufhin erhielt er einen anonymen Brief: »Du willst ein Genosse sein. Mach Dir mit der Alten Deinen Dreck allein!« Er hatte auch eine Vermutung, wer das geschrieben hat.

(Sohn Ilja kommt hinzu.)

Wie viele Pferde hattet ihr eigentlich?

Wenn es mal hoch kam, waren es dreiundzwanzig. Shetland Ponys größtenteils, Araber und auch norwegische Fjordpferde als Wagenpferde. Die Wagenpferde wechselten immer. Es waren mal solche, mal solche.

Bist du auch selber gerne geritten?

Erwin hat mich unterwiesen, aber ich war keine richtig gute Reiterin. Wobei ich sogar einen Araber geritten habe: Sabah. Das war eine große Genugtuung. Wir waren mit Sabah und Rhavana unterwegs. Auf dem großen Acker bei Ludwigshorst ist ein Tier aufgesprungen, und Erwin ist vom Pferd gefallen. Ich aber blieb auf meiner Sabah sitzen.

Und die Kinder haben auch reiten gelernt, als sie alt genug waren?

Ja, die Kinder sind geritten. Ilja war ein großer Reiter.

Ilja: Das war für mich der Ausgleich für alle Wirrungen der Welt, wenn ich von der Schule kam. Dieses Gefühl der Freiheit: Ich habe ja schon immer viel gearbeitet hier. Ich konnte mir einfach ein Araberpferd rausnehmen und zwei, drei Stunden durch den Wald preschen.

Er hatte ein Lieblingspferd, das sein Vater weggegeben hat.

Ilja: Ich habe ein Pferd vom Fohlen auf begleitet, dabei habe ich natürlich alles gelernt: wie man es langsam belastet, wie man sich mit dem Pferd vertraut macht. Und ich habe es auch eingeritten. Es stimmte natürlich: Der Kopf war nicht besonders edel. Aber vom Gemüt her war es ein ausgesprochen liebes Pferd, sehr gut im Galopp, sehr gut im Trab, eigentlich ein Pferd zum Verlieben. Ich komme aus den Sommerferien wieder, das Pferd ist weg.

Wo war es denn hin?

Das hat die Edith Rimkus-Beseler ihm abgeschwatzt. Nicht mal für sich, sie hat es vermittelt an eine Bekannte, die auch Pferde hatte oder wollte. Und das Pferd hat es so schlecht getroffen, ist von einem zum anderen gewandert.

Ilja: Bis die Beine kaputt waren …

Da ist es geschlachtet worden, glaube ich.

Ilja: Meine Russalka. Aber da muss man durch.

Mit Matti hat er dasselbe gemacht. Da hat er Reclam weggegeben, dieses wunderbare Pferd.

Ilja: So war er eben, ein Bestimmer.

Aber wer, wenn nicht er, sollte verstehen, dass man sich in ein Pferd verlieben konnte?

Er hatte ein Programm, was zur Zucht kommt und was weggegeben werden muss. Russalka stammte schon von dem Hengst und konnte nicht von ihm gedeckt werden.

Ilja: Und von Rhavana, von seiner Lieblingsstute. Da die Blutlinien sowieso schon so oft gekreuzt worden sind, gerade in der DDR, weil praktisch keine frischen Hengste dazukamen, war es schon richtig, dass man nicht noch eine Inzucht machte.

Und welcher Anteil des Familienbudgets ist aus der Pferdezucht gekommen?

Zu Zeiten waren Pferde so gefragt, zum Beispiel auch Shetland-Ponys, dass die Leute einen Wartburg gegen eine Araberstute tauschten. Für ein Pony-Fohlen haben sie drei-, viertausend Mark bezahlt. Es gab ein Jahr, als wirklich das ganze Budget von den Pferden kam. Dabei hat er noch alljährlich so und so viel aus der Pferdezucht an die LPG überwiesen.

Musste er das?

Nein, freiwillig. Er hat ja sogar den ersten Fernseher für die LPG gekauft, als wir selbst noch keinen hatten.

Ilja: Unglaublich.

Um gut Wetter zu machen bei den Leuten?

Darauf hatte die LPG doch keinen Einfluss.

Oder weil er der Meinung war, die LPG muss unterstützt werden?

Genau so war's. Er hat für Busreisen und Feste bezahlt, war sozusagen ihr Bankier.

Und hat sich dabei toll gefühlt wahrscheinlich?

Sicher. Aber nicht im negativen Sinne. Das waren keine gutsherrlichen Allüren. Es war die ganze Zeit so, dass es hieß, geh mal zu Strittmatter, der muss dir helfen. Die Idee einer solchen Gemeinschaftlichkeit unter Bauern hat ihn schon ganz früh beschäftigt. Sein erster Roman, noch aus den zwanziger Jahren, heißt »Tians Heimkehr«. Man kann ihn wie einen Vorläufer von »Ole Bienkopp« lesen.

War das bei ihm inspiriert von der Kollektivierung in der Sowjetunion?

Nein, das war ein Gefühl für Gerechtigkeit, das ganz aus ihm selber kam. Er überlegte, wie man die Dorfarmut in Bewegung bringen könnte, sich selber zu helfen. Tian war, so wie er, in die Stadt geschickt worden, arbeitete dort und hatte doch ein Verlangen nach Hause. Es ergab sich eine Konstellation, dass er zurückgerufen wurde. Da versammelte er die Dorfarmut, um brachliegende Ländereien urbar zu machen. Unten im Archiv liegt auch noch ein zweites unveröffentlichtes Buch von ihm: »13 Doggen«, ein Zirkusroman.

Ilja: Das höre ich zum ersten Mal.

Wobei ich mir vorstellen kann, dass es doch einiger Überwindung bedurfte, sich zu einer Genossenschaft zusammenzuschließen und die Bindung an das Stück Land, das man hatte, aufzugeben?

Ilja: In manchen LPGs behielt man ja seinen Acker. Es ging vor allem um die genossenschaftliche Hilfe untereinander. Das war doch eine wunderbare Sache: Gemeinsam für die schweren Arbeiten Maschinen anschaffen, die Lahmen und die Blinden sozusagen mit an die Hand nehmen, damit ihre Äcker nicht verkommen. Bei den Bauern in Sadelkow, wo ich meinen Töpferhof habe, war das so. Die haben mit aller List diese Art LPG verteidigt. Abwechselnd wurde einer von ihnen Vorsitzender, jeder durfte mal bestimmen. Das hat total gut funktioniert.

Aber staatlicherseits wurde doch ziemlicher Druck ausgeübt, dass man von der einfachen genossenschaftlichen Zusammenarbeit zu einem Gemeineigentum an Boden, Maschinen, Vieh kam.

Und ob, da haben sich Leute aufgehängt. Vor allem ging es ja darum, die reichen Bauern mit in die LPG zu kriegen, die etwas einbringen konnten und die zum Teil sogar Landwirtschaft studiert hatten.

Ilja: Da sind richtige Kampagnen gelaufen, auch in Sadelkow. Ich war dort eine Zeit lang Bürgermeister und hatte das Archiv des Dorfes bei mir. Die sind mit Lautsprecherwagen gekommen: Und, Bauer Krüger, willst du der Bremsklotz für den Fortschritt sein? Richtig grausam.

1960 gab es die Kampagne »Vollgenossenschaftlichmachung der Dörfer«. Schriftsteller sollten aufs Land, um zu agitieren. Und Erwin hat sich da nicht ausschließen wollen. Aber er wäre fast daran eingegangen, denn er hatte eine fürchterliche Grippe zu dieser Zeit, die hat Tausende damals *hinweggerafft* ...

Weil er zutiefst von dieser Sache überzeugt war, oder?

Das war er. Nur so konnte die allgemeine *Versorgungskrise* überwunden werden. Es war ein Gewaltakt, aber dann hat sich doch einiges stabilisiert. Was glaubst du, wie begeistert die Frauen waren, dass sie zusammen aufs Feld gehen und sich auch mal unterhalten konnten. Als wir hierher kamen, existierte ja schon eine Genossenschaft als Zusammenschluss der

Dorfarmut. Diese Leute erhielten alles Mögliche von Staats wegen – Gummistiefel, Futtermittel – und haben damit nebenbei Geld gemacht, indem sie es an die Großbauern *verscheuerten*. Der damalige Vorsitzende und seine Geliebte sind ins Gefängnis gewandert wegen Unterschlagung … Das ging noch eine Weile, bis auch dieses Dorf vollgenossenschaftlich war.

Hat es Erwin nicht bedrückt, wie sich die Wirklichkeit überhaupt nicht nach seinen Idealen richtete?

Natürlich hat ihn das beschäftigt. Er sah, wie verlumpt und verkommen die Verhältnisse waren und hat sich gefragt, was daraus werden soll. Die richtigen Menschen könnten es in Gang bringen, dachte er, solche wie Ole Bienkopp sozusagen. Und der Roman hat Furore gemacht. Landauf, landab fanden sich Leute, die sich mit Ole Bienkopp identifizierten.

Der Roman wurde regelrecht als Anleitung zum Handeln verstanden?

Er hat auf jeden Fall auf die Realität zurückgewirkt.

Ilja: Ein großes Buch. Ich habe immer wieder darin gelesen. Dieser Ole ist so ein vornehmer, edler Charakter. Das hat mir schon als Kind unglaublich behagt. Dass er eine Vision hat …

Waren die Kinder in alle Arbeiten auf dem Hof eingespannt?

Wenn Ilja aus der Schule kam, manchmal bei schlechtem Wetter mit dem Fahrrad auf dem Buckel, war er noch nicht richtig drin und beim Essen, da brüllte es am Fenster: Ilja! Unser Onkel Herbert, der Pferdemeister, brauchte Ilja als zweiten Mann.

Ilja: Und hat es sich wohl sein lassen mit Ilja.

Weil ein Knecht am liebsten noch einen Knecht hat und so weiter?

Genau so.

Ilja: Und ich war, wie so oft in meinem Leben, gutwillig und arbeitsam. Auf der anderen Seite war ich natürlich in vielen Dingen viel geschickter als er. Da hat er mich einfach nötig gehabt. Aber das Schrecklichste war eben, dass er so ein übler Denunziant war.

Zumal du mit seiner Tochter Marlies in einer Klasse warst.

Ilja: Es gab keine Schonung. Ich war praktisch lückenlos überwacht. Zum Beispiel habe ich meine liebste Freundin Susanne mal mit dem Bus nach Gransee begleitet, weil die dort Besorgungen machen sollte. Das musste Marlies ihrer Mutter erzählen und die dem Herbert, Herbert ging zu Vater, und Vater hat mir einen Aufstand gemacht, weil ich anderthalb Stunden später nach Hause kam und das nicht angemeldet hatte. Das war eine spontane Geschichte mit der Freundin gewesen. Wir haben ein Eis gegessen.

Ein Familientyrann?

Ilja: Die Zustände waren manchmal schon recht haarig. Aber es half einem als Kind unendlich, wenn man seine Bücher las. Das versöhnte die Seele. Man sagte sich: Wer so was schreibt, der kann eigentlich nicht so sein, wie es sich oft anfühlt.

Da hattet ihr beiden Großen, wie gesagt, einen ganz anderen Vater als Matti und Jakob.

Ilja: Wir sind tatsächlich in einer anderen Generation groß geworden. Was es bei uns nicht geben durfte, war für die Kleinen einfach normal. Auf der anderen Seite haben wir ein so schönes Leben hier gehabt, alle sind satt geworden, wir hatten es warm, wir hatten Pferde. Und wir haben verstanden, dass er rund um die Uhr gearbeitet hat. Je älter ich werde, umso besser verstehe ich das. So ist es eben in der Kunst, anders geht es nicht.

Und Ilja arbeitet auch Tag und Nacht an seiner Keramik, das ist auch eine Kunst.

II

»Um uns herum ist so viel Verfall, Zerfall,
Zerwürfnis und Flucht in Ersatzsituationen
und -handlungen. Viele unserer Freunde
haben sich so festgesetzt, so gefesselt bei ihren
Befreiungsversuchen, bei ihrer Gier nach
anderem Glück, daß wir ganz still sind, um die
dämonischen Mächte, wenn es sie gibt, nicht zu
reizen.«
(»Briefe aus Schulzenhof«, 12. Januar 1978)

Von deiner Biografie ist wenig bekannt. Warum?

Zwar habe ich immer schon mal Interviews gegeben, aber so
weit ins Persönliche gehend hat mich noch niemand befragt.
Ich war auch nicht geneigt, andere sehr nah an mich heran-
zulassen.

*Wir haben schon kurz über deine Kinderzeit in Neuruppin ge-
sprochen. War dein Vater, den du früh verloren hast, für dich die
hauptsächliche Bezugsperson?*

Ich habe meinen Vater sehr geliebt. Lustig war er, steckte voller
Geschichten und Witze, spielte Geige, hatte überhaupt eine
künstlerische Ader. Zum Schlittenfahren hat er mich mitgenommen. Viele leuchtende Episoden gibt es, an die ich mich
erinnere. Er war gelernter Bankkaufmann, arbeitete in der
Stadtverwaltung von Neuruppin, in der Hauptkasse. Meine
Mutter war Hausfrau. Hatte lediglich drei Monate nähen gelernt für den Hausgebrauch. Das war später unsere Existenz-

grundlage. Mein Vater ist 1944 beim Vormarsch der Alliierten in Frankreich von einem Granatsplitter am Kopf getroffen worden. Er hat noch drei Tage gelebt und liegt in Nordfrankreich begraben.

Wie war das, als du davon erfahren hast?

Meine Mutter war schon unruhig gewesen, weil länger als üblich kein Brief von ihm kam. Da hat sie sich an einem Sonntag mit mir und meinem kleinen Bruder, der damals fünf wurde, nach Lindow aufgemacht. Von der Frau eines Kameraden hoffte sie, etwas zu erfahren. Die wusste tatsächlich von ihrem Mann, dass Fritz Braun im Lazarett ist. Ein paar Tage später dann das Grauenvolle: Auf dem Schulhof des Gymnasiums in Neuruppin, wo damals im Schichtunterricht auch die Mädchen unterrichtet wurden, sah ich an einem der riesigen Bäume einen Mann lehnen – in weißem Jackett, weißem Hemd und mit schwarzer Krawatte. Der kam auf mich zu und sagte, er will mich mit nach Hause nehmen. Zu Hause weinte meine Mutter, warf sich aufs Bett und schrie und schrie und schrie. Mein kleiner Bruder wuselte herum. Und ich sollte versuchen, meine Mutter zu beruhigen.

Da warst du vierzehn.

Und ich dachte eigentlich, ich wäre schon ein ziemlich großes Mädchen. Ich hatte sogar einen Freund, der dann auch bald entschwunden ist im Krieg. Aber in mir war so ein Schaudern vor dem Tod. Längst schon. Als ein paar Jahre vorher meine Großmutter gestorben war, habe ich mich partout nicht unter dem Tisch hervorziehen lassen, um mit zur Beerdigung zu gehen. Ich klammerte mich fest und bin dort hocken geblieben, allein in der Wohnung.

So sehr gruselte es dich vor dem Begräbnis?

Vielleicht weil diese Frau, die Großmutter väterlicherseits, für mich überhaupt etwas Gespenstisches hatte. Sieben Jahre lang hockte sie im Hinterzimmer der Wohnung meiner Tanten im Bett. Gelähmt. Am vierten Schlaganfall ist sie verstorben. Wenn wir zu Besuch waren, mussten wir unweigerlich in dieses Zimmer, die Großmutter begrüßen. Ganz eingesunken saß sie da, die blaue Lippe hing herunter. Der Gipfel des Schreckens war, wenn wir sie im Krankenhaus besuchten: die dumpfe Luft, die bleiche Frau, und wir sollten immer ihre übrig gelassenen Weißbrotschnitten essen. Ich bin vor Ekel fast gestorben. Aber die Gänge quer durch die Stadt waren auch mit Gelächter verbunden. Wenn uns Leute begegneten, die mein Vater kannte, war es üblich, sie mit »Heil Hitler!« zu grüßen. Er hob den rechten Arm, aber meine Mutter kriegte das nicht fertig und zog nur die Hand aus der Manteltasche. Das sah wie ein Flügel mit Kralle aus, und mein Vater hat sie ausgelacht. Die Mutter war ja immer auf irgendeine Weise verbiestert, ganz auf Abwehr eingestellt. Da freute ich mich auf die Besuche bei meinen Tanten.

Dort, wo die Großmutter im Bett lag?

Ja, aber im anderen Zimmer unterhielten sich Liesbeth und Anni, welche Männer sie heiraten könnten. Und eine sagte dann: Nein, Hermann Göring würde ich nicht nehmen, der wäre mir zu fett. Das war eine ganz andere Atmosphäre als zu Hause. *Gebildete* Damen – die eine war Prokuristin, die andere Finanzbeamtin. Liesbeth, die Älteste, hatte eine bildschöne Tochter: Lisa, die ich lange für eine Tante hielt, bis mich unsere Hauswirtin aufklärte, dass es eine Cousine war.

Eine Wohnung also, in der die Frauen herrschten?

Und Karten spielten oder zum Entsetzen meiner Mutter auf dem Kanapee lagen. Bei einer guckte vielleicht der große Zeh aus dem Strumpf, bei der anderen die Ferse, und sie machten sich gar nichts draus. Sie hatten ein Vertiko zum Bücherschrank umgebaut, ein Korbsessel stand davor, man sah die Bücherrücken. *Gehobene* Unterhaltungsliteratur, sage ich heute. Aber bei uns zu Hause gab es überhaupt kein Buch, nicht mal die

Bibel. Häufig waren noch Gäste da, ein lediger Kaufmann oder eine alte Dame, die auf meinen Vater ein Auge geworfen hatte und immer sagte: Fritz, wenn ich zwanzig Jahre jünger wäre, müssten Sie mich heiraten. Fritz blieb nichts übrig, als die alte *Schachtel* an seinem Arm spätabends nach Hause zu geleiten. Und ich lief nebenher, todmüde, hätte gern gewollt, dass mein Vater mich auf den Arm nimmt.

Du warst eifersüchtig, weil du eigentlich Vaters Liebling warst?

Ich habe Jahrzehnte ein schlechtes Gewissen mit mir rumgeschleppt, weil mein Vater mir beim Kartenspiel immer geholfen hat, meinen Bruder zu *beschummeln*. Wenn ich gesiegt hatte, musste ich aufstehen, den Arm heben und singen »Heil dir im Siegerkranz«.

Wenn es bei euch zu Hause kein Buch gab, wie bist du da zum Lesen gekommen?

Durch die Schulbibliothek und vor allem wohl durch den tuberkulosekranken Berliner Onkel, den Kommunisten, ich habe ja schon von ihm erzählt.

Der Mann deiner eleganten Tante Wanda.

Genau. Der schickte uns zu Weihnachten ein Paket mit Büchern aus seiner Kindheit und Jugend. Darunter war in einer Kinderbuchausgabe »David Copperfield« von Charles Dickens. Dieses Buch ist eine Erweckung für mich gewesen. Ich habe fast keine Luft gekriegt, so hingerissen war ich von diesem literarischen Erlebnis.

Aber die Mutter hat dich immer vom Lesen weggerufen, wie du erzählt hast?

Sie war doch durch ihren Alltag so eingespannt. Wir lebten sozusagen auf ihren Knochen. Denn mein Vater war ein Luftikus, ein Trinker und Schuldenmacher. Jeden Nachmittag nach

Dienstschluss saß er mit seinen Kollegen in der Kneipe. Meine Mutter ist mit uns beiden Kindern da hingewandert, um ihn abzufangen und nach Hause zu holen. Das Schlimmste war, als sie mich an einem Winterabend mit dem Bruder alleine losschickte zur Gaststätte am Fontane-Denkmal. Ich bin an der Tür stehen geblieben, und mein Bruder ist reingegangen: Papa, du sollst nach Hause kommen. Da haben ihn die Kumpane vollgepöbelt – Was bist denn du für ein Muselmann? – und wir sind wieder abgetrottet, den ganzen Weg zurück durch die Kälte. Es war wohl so, dass sich mein Vater noch nicht damit abgefunden hatte, Familie zu haben, dass er sein Junggesellenleben vermisste. Das änderte sich durch einen Schock. Eine meiner Tanten kam zu meiner Mutter und verlangte das Geld zurück, das er sich von ihr geliehen hatte. Da gab es eine solche Aufregung, er wollte sich erschießen. Ich weiß gar nicht, woher er eine Pistole hatte …

Und deine Mutter?

Sie hat ihm dann doch beigestanden. Er hat zusätzlich gearbeitet und nach einiger Zeit die Schulden abtragen können. Bei Kriegsbeginn waren sie gerade aus dem Gröbsten raus. Im Sommer 1939 ließen sie sich besagte Couch und vier Stühle anfertigen, die ich dann in meine erste Ehe mitbekam. Sie haben einen Garten pachten können, wo wir Obst und Gemüse ernteten. Man muss es schon so sagen: Wir haben in ziemlich eingeschränkten Verhältnissen gelebt. Trotzdem hatte ich schon früh das Gefühl von Sieg und von Beherrschungsmöglichkeit, weil ich es mir erzwungen habe, zur Oberschule zu gehen. Das war eine Kraftprobe mit meinem Vater.

Wegen des Schulgelds?

Es hätte im Monat zwanzig Mark gekostet. Aber ich war Klassenbeste und war sicher, dass ich eine Freistelle bekommen würde. Mein Vater hätte lediglich zu der Behörde gehen und mich zur Prüfung anmelden müssen. Aber er meinte: Kommt gar nicht infrage. Ein Mädchen heiratet sowieso. Meine Klassenlehrerin, die ich sehr geliebt habe, fragte immer: Wann meldet dich denn dein Vater an? Ich habe irgendwas zusammengeschwindelt, aus welchen Gründen er es noch nicht geschafft hat. Die Frist ist verstrichen. Daraufhin hat die Lehrerin mich angemeldet. Das wurde dann zu Hause wie ein Gottesurteil behandelt. Natürlich musste zunächst das Schulgeld bezahlt werden, aber bald habe ich die Freistelle bekommen. Das war ein Sieg für mich.

Weil du eine Benachteiligung überwunden hast?

Die sozialen Unterschiede waren doch von Anfang an gegenwärtig. Zum Beispiel die gegenüberwohnende Familie jenes Maurermeisters: Mit den Kindern war ich befreundet, sie nahmen mich mit zu ihrem Bootshaus. Es war wunderbar. Ich sehe mich dort im grünen Dämmerlicht. Unten das Wasser, von der Seite fielen Sonnenstrahlen herein und dazu der Geruch von Holzteer. Momente der Glücksverheißung – doch immer mit dem Gefühl verbunden, nicht dazuzugehören. Eines Tages sind wir essen gefahren, in ein Restaurant am See. Es gab Spargel, und ich wusste bei Leibe nicht, wie ich mir den einverleiben sollte. Ich konnte nicht mit Messer und Gabel umgehen, zu Hause wurde mir noch nie so ein Besteck hingelegt. Ich habe mich fast erwürgt an diesem Spargel und musste sozusagen hungrig vom Tisch aufstehen. Weil ich sie nicht beherrschte: die Sitten der gehobenen Klasse.

Ein Maurermeister – gehobene Klasse?

Na hör mal, wenn du gesehen hättest, wie die gewohnt haben! Die Neuruppiner Geschäftsleute haben ja alle profitiert vom Bau des Militärflugplatzes und der Panzerkasernen. Die Kinder kriegten Taschengeld und haben mir, wenn sie zur Kindervorstellung ins Kino gingen, mitunter auch eine Karte gekauft.

Dann kam der Krieg, dein Vater wurde einberufen …

Er war schon über vierzig und gerade schweren Herzens in die NSDAP eingetreten, weil sein Chef ihm gesagt hatte, sonst könne er ihn nicht als unabkömmlich halten. Doch kaum war er in der Partei, zogen sie ihn im Februar 1942 ein. Wir haben ihn besucht, als er in der Grundausbildung war. Dort hat er mir Ohrfeigen angedroht, weil ich gelacht habe, als er die Hand an die Mütze legte, um einen jüngeren Vorgesetzten zu grüßen. Es fiele auf ihn zurück, meinte er, wenn sich der Offizier durch mein Losprusten veralbert fühlt. Er kam dann noch ein-, zweimal auf Urlaub … Ach, mein Vater war eben so, wie er war. Die Mutter hat zum Beispiel nie gewusst, was er verdient. Hat immer mal gesagt: Fritz, ich brauche Geld. Da hat er ihr zehn oder zwanzig Mark gegeben. Es mussten Schuhe gekauft werden, Kleidung. Sie hat alles durch ihrer *Hände Arbeit* für uns geschaffen. Später, nach dem Krieg, hat sie für die Russen genäht. Und in jüngeren Jahren musste sie Mutter, Vater, Schwestern, Onkel versorgen. Meine geliebte Großmutter brauchte jedes Jahr zur Heuernte ein neues Kleid. Ich besinne mich noch auf bestimmte Kleider und darauf, wie schön sie war – gebräunt mit strahlenden Augen.

Das war die Mutter deiner Mutter?

Auch von ihrer Seite wurde alles von der Großmutter regiert.

Du hast vorhin erzählt, wie dein Vater ganz selbstverständlich mit »Heil Hitler« grüßte, wenn ihm auf der Straße Bekannte entgegenkamen. Du bist 1930 geboren. Wie hast du die Naziherrschaft erlebt?

Als etwas Normales, auch wenn sich das heute kaum einer vorstellen kann. Es war die Welt, in der ich nun mal lebte. Ich muss etwa drei Jahre alt gewesen sein, da gab es eine Nazi-Kundgebung vor dem Friedrich-Wilhelm-Denkmal in Neuruppin. Massen von Leuten waren auf der Straße. Ich saß auf dem Arm meines Vaters und habe die Bewegung der anderen nachgeahmt. Den Arm so hochzurecken war schwer. Ich habe ihn mit der anderen Hand gestützt und war stolz, als die Leute sagten: Guck mal, das Kind kann schon grüßen. Ich erinnere mich, dass auch einige Männer im Haus wohnten, die bei der SA waren. Sie tauchten dann in ihren bräunlich-gelblichen Uniformen auf.

Das war für deine Eltern nichts Aufregendes?

Nicht, dass ich mich erinnere. Aber bei uns zu Hause wurde zunächst nicht mal geflaggt. Irgendwann ist eine kleine Fahne angeschafft worden, wohl auf mein Betreiben hin, weil in der Schule danach gefragt wurde. Die Schule hatte ja durchaus Einfluss darauf, wie ich mich verhalten habe. Zum Beispiel habe ich noch lange in den Ehebetten meiner Eltern geschlafen. Ich wollte da nicht raus, obwohl es ein Zimmer gab, in dem ein Bett für mich stand. Aber dann wurde in der Schule gefragt, ob man ein eigenes Bett habe. Ich habe ja gesagt und von Stund an meine Position im Ehebett aufgegeben.

Hast du den Beginn des Krieges als etwas Bedrohliches empfunden?

Gar nicht. Ich sehe mich noch auf dem Wall in Neuruppin, wie ich meinen Mitschülerinnen erkläre, was ich irgendwo aufgeschnappt hatte: dass nun der verlorene Erste Weltkrieg wieder wettgemacht werden müsse, weil damals die sogenannte Heimatfront der wirklichen Front in den Rücken gefallen sei. Nein, von Angst oder Bedrückung kann keine Rede sein. Der Krieg war fern von uns und lief doch zunächst wie *geschmiert*.

Erst als dein Vater eingezogen wurde, hast du begriffen …

Das war schon betrüblich, und die Atmosphäre in der Kaserne war bedrückend. Ich habe auch die Furcht meines Vaters gespürt, als er auf Urlaub war. Wie schwer es ihm fiel, wieder von uns wegzugehen. Aber die Angst kulminierte erst in dem Moment, als wir erfuhren, dass er in Frankreich zu Tode verletzt worden ist. Von da an war immer Angst in uns. Ja, ich habe sehr an meinem Vater gehangen.

In »Mai in Piešťany« schreibst du über deinen ersten Freund Hansi, der mit Lessings »Nathan« in der Tasche elendiglich gestorben ist.

Merkwürdigerweise haben seine Geschwister, die ich ja kannte, nicht auf diesen Text reagiert. So viele Neuruppiner haben das gelesen. Hans-Georg Deichmann hieß er: Wir waren zusammen im Chor, Spielschar nannte sich das, weil auch eine Blockflötengruppe dabei war. Es war in dieser seltsamen Zeit des Erwachens, wenn du die Welt um dich herum auf einmal ganz neu spürst, weil jemand dich anschaut. Das ist etwas ganz Starkes, was sich direkt auf einen selbst bezieht. Es begann damit, dass bei so einem Chortreffen ein Junge hinter mir stand, nach dem alle Mädchen verrückt waren, und mir die Zöpfe zusammenknotete. Nur aus Spaß, aber ich habe mich sofort in ihn verguckt. Es stellte sich heraus, dass er mit einem anderen Mädchen ging, und ich war zutiefst beleidigt. Die ganze Sache steckte mir noch im Kopf, als Hansi bei einem Julklapp-Abend an mir Interesse zeigte. Ich glaubte auch, dass er mit einer älteren Schülerin zusammen war. Und dann dieser Mai, als wir die großen Madrigale gesungen haben und sogar zu Rundfunkaufnahmen in Berlin gewesen sind – da fragte ich ihn: Du bist doch mit dieser Grete zusammen? Und er: Schon lange nicht mehr. Wir haben uns dann häufig gesehen, täglich beinahe, und er hat mich zu seinem Geburtstag eingeladen. Er spielte hervorragend Klavier. Sie hatten eine große Wohnung. Die Mutter war verwitwet, der Vater war Amtsgerichtsdirektor gewesen. Und meine Mutter sagte: Du hast nichts anzuziehen, da kannst du nicht hingehen, da passt du nicht hin. Sie hat mir aber dann eine rotbestickte weiße Voilebluse aus ihrer Mädchenzeit herausgesucht und einen blauen Rock dazu. Mit Hangen und Bangen bin ich hingegangen, und alle waren sehr freundlich.

Der Mann fürs Leben?

Es war wirklich eine große Liebe bis zum März 1945. Wir waren zusammen in einem Zirkel für Literatur, den eine Journalistin leitete, die aus Berlin gekommen war. Dort haben wir Gedichte gelesen und vorgetragen: von Conrad Ferdinand Meyer, Droste-Hülshoff, Rilke und eben auch Lessings »Nathan«. Den hatte er dann bei sich, als er in den Krieg gegangen ist. Seine Mitschüler waren schon alle weg. Er war jünger als sie, weil er Klassen übersprungen hatte, ebenso wie ich. Aber eines Tages trug ein Mädchen mir zu, was ihr Vater, ein NSDAP-Funktionär, gesagt hatte: Wenn er wirklich kämpfen und nicht zu Hause bleiben wolle, würde sich ein Weg finden, obwohl er so jung war. Das hat mich maßlos geärgert, und ich habe es dummerweise Hansi erzählt. Daraufhin meinte er: Das lässt er nicht auf sich sitzen. Am nächsten Tag hat er sich freiwillig gemeldet. Bei der Schlacht auf den Seelower Höhen hat es ihn getroffen. Mit seiner Kopfverletzung ist er noch bis Spandau gekommen und auf einem Privatgrundstück zusammengebrochen. Die Leute dort haben ihn in einer Waschküche versteckt und dann erzählt, dass er den »Nathan« in der Tasche hatte, als er starb.

Da war er sechzehn?

Im März 1945 ist er siebzehn geworden. Als ich das erste Mal nach Berlin kam, noch bevor ich angefangen habe zu studieren, habe ich mich zu dem Friedhof in Spandau durchgefragt und sein Grab gefunden. Es war für mich eine Lebensverletzung.

War es für dich ausgemacht, dass du studieren würdest?

Das war ausgemacht. Aber so normal war es nicht. Ich sagte schon, wie schüchtern ich war und dass ich keinerlei Geschicklichkeit besaß, mich irgendwo zu platzieren. Ich weiß überhaupt nicht, wie ich es geschafft habe, mich zu bewerben. Die Mutter einer Freundin, deren Familie nach Neuruppin evakuiert worden war, hat zu mir gesagt: Sie können doch nicht einfach zur Universität gehen, da braucht man doch Befürwortung. Die Frau stammte aus einer adligen Familie, ihr Mann war ein führender Jurist, hatte in der Nazizeit Bischof

Dibelius verteidigt, so dass er nicht bestraft wurde. Der Bischof kam 1947 nach Neuruppin, nun wieder inthronisiert, und hat in der Klosterkirche eine Predigt gehalten. Jedenfalls hat die Frau mir geraten: Sie müssen zu Professor Sowieso fahren nach Tempelhof, den wir kennen. Ich in meiner Dummheit habe mich aufgemacht nach Berlin, im finstersten Winter, alles noch zerbombt, keine Laternen, bin durch irgendwelche obskuren Gegenden geschlichen, bis ich die Straße gefunden habe. Ein Dienstmädchen öffnete. In schwarzem Kleid, mit weißer Haube. Die Herrschaften waren beim Abendessen, und ich durfte im Wohnzimmer Platz nehmen. Als der Herr Professor kam, habe ich ihm vorgetragen, dass ich an der Philosophischen Fakultät Literatur studieren will, Germanistik und Romanistik. Er hat versprochen, sich zu kümmern. Wobei ich überzeugt war: Der hatte damit überhaupt nichts zu tun. Jedenfalls habe ich dann die Bestätigung bekommen, aber nicht für die Philosophische Fakultät, da wurden nur zwei Leute angenommen, sondern ich musste über die pädagogische Richtung. Das ging eigentlich nur über sechs Semester. Aber da ich 1951 den Ilja bekommen habe, konnte ich das Studium um ein Jahr verlängern. Was meine Rettung war, sonst wäre ich als Lehrerin irgendwohin in die Provinz geschickt worden. Aber ich habe das Staatsexamen nur halb absolviert. Und dann musste ich Geld verdienen. Das Stipendium lief aus, ich besaß buchstäblich keine Mark, hatte nichts zu essen. Dabei hatte ich meiner Mutter monatlich hundert Mark versprochen. Das Kind war bei ihr, denn ich hatte keinen Krippenplatz.

Wann war das?

Am 1. Juli 1951 ist Ilja geboren, am 5. August begannen in Berlin die Weltfestspiele der Jugend. Das Elend war, ich konnte nicht stillen. Wegen der Festspiele wurde die Milch schon früh um drei nach Berlin gebracht, sie war schon angesäuert. Ilja bekam eine Magenverstimmung. Ach, es war eigentlich ein Wunder, wie ich das *durchgestanden* habe. Ich war ohne Welterfahrung, wusste nicht mal, wie man telefoniert. Und ich habe so an Heimatlosigkeit gelitten in diesem finsteren Berlin.

Was hast du dir denn für dein Leben vorgestellt, als du anfingst zu studieren? Was wolltest du mal werden?

Ich wollte nichts weiter als Literatur studieren.

Einfach weil du gern gelesen hast?

Ja. Im Spätsommer 1945 ging die Schule wieder los, und ich habe zwei Klassen übersprungen. Sicher war ich eine sehr gute Schülerin. Jedenfalls habe ich mit siebzehn Abitur gemacht. Eigentlich wäre ich gern Schauspielerin geworden. Die Bühne hatte für mich etwas Magisches. Doch mir war klar, dass ich nicht in der Lage sein würde, Beziehungen zu einem Theater herzustellen. Auch wo man als Germanistin arbeiten kann, davon hatte ich keinen Begriff.

Wie bist du 1951 aus der Geldnot herausgekommen?

Ein Kommilitone, Horst Angermüller, später Szenarist beim Fernsehen, gab mir den Rat, zu Vilmos Korn vom Amt für Literatur zu gehen. Eine Buchbeurteilung für die Zeitschrift »Bibliothekar« brächte dort dreißig Mark. Auch im Schriftstellerverband gäbe es gelegentlich Arbeit.

Und da hast du den Honorarauftrag im Zusammenhang mit den Weltfestspielen bekommen, von dem du erzählt hast?

Das war ein Riesenberg von Manuskripten, zu denen ich persönliche Briefe schreiben musste. Dabei hatte ich vorher noch nie eine Schreibmaschine gesehen. Aber zum Winter hin konnte ich tausend Mark Honorar im Zentralrat der FDJ abholen. Gigantisch. Später habe ich für den Verband Lektoratsarbeiten erledigt und bin fast verhungert, weil die Mitarbeiterin, die mir meine Honorare überweisen sollte, die entsprechende Anweisung *verbuddelt* hatte. Ich hatte noch ein kleines Glas mit einem Rest gekörnter Brühe und etwas ranzige Margarine. Als ich am Verzweifeln war, habe ich Charlotte Wasser vom Sekretariat des Verbandes auf dem Heimweg gefragt, ob sie mir vielleicht hundert Mark leihen könne. Mit ungeheurer Pein und Scham. Sie hatte gerade bulgarische Weintrauben gekauft, sofort holte sie eine zweite Tüte für mich und hat mir das Geld gegeben. Das habe ich ihr nie vergessen. Später war ich noch einmal in so einer *Bredouille*, als ich schon mit Erwin zusammen war. Ich habe ihn gebeten, mir hundert Mark zu leihen, weil ich meiner Mutter versprochen hatte, ich bringe sie ihr für Ilja mit. Das war mir furchtbar, denn es ging gegen Erwins Prinzipien: Geld verleihen, Geld borgen … Freilich, einmal später hat er sich auch von mir Geld geliehen, als er den ersten Band des »Wundertäter« schrieb und noch ohne Vertrag war. Wir hatten ja streng getrennte Konten (und auch getrennte Schlafzimmer). Nur im Urlaub haben wir zusammen gewohnt.

Ich mache jetzt einen Sprung zurück: Als die DDR gegründet wurde, warst du neunzehn. War es für dich selbstverständlich, dass es von da an zwei deutsche Staaten geben würde?

Du wirst lachen: Ich habe überhaupt nicht mitbekommen, dass ein Staat gegründet wurde. Es war eine Zeit, in der ich am meisten getändelt habe mit jungen Männern, die mir nachliefen.

Aber du musstest dich doch entscheiden, ob du zur Humboldt-Universität oder zur Freien Universität gehst?

Wovon hätte ich leben sollen in Westberlin? Nein, an der Humboldt-Universität fühlte ich mich erwünscht und hatte ein Wohlgefühl von Sicherheit durch das Stipendium, wenn es auch wenig war.

Gab es nicht doch irgendwann eine politische Entscheidung für die DDR? Zumindest als du Erwin kennenlerntest, der schon 1947 in die SED eingetreten war.

Natürlich. Ich wollte 1952 eintreten, bin aber abgelehnt worden, weil zu der Zeit *vorrangig* Arbeiter aufgenommen werden sollten. So bin ich erst 1959 Kandidatin und 1961 Mitglied der SED geworden. Schon in meinen ersten Jahren im Schriftstellerverband habe ich viel begriffen und immer mehr aufgesogen. Was auch damit zusammenhing, dass ich mit Schriftstellern zusammentraf, die in der Emigration gewesen waren. Als in der DDR ein separater P.E.N.-Club gegründet werden sollte, hatte ich die Lebensläufe bestimmter Autoren aufzuzeichnen. So bin ich mit Bodo Uhse, Willi Bredel, Friedrich Wolf bekannt geworden, habe Wolfgang Harich in einem finsteren Mietshaus in Prenzlauer Berg aufgesucht, wo er mit der Schauspielerin Isot Kilian lebte. Auch Rudolf Leonhard habe ich noch kennengelernt. Er residierte im »Adlon« und war ein richtiger *Damenmann*. Anna Seghers und Ludwig Renn habe ich bewundert.

Und Brecht?

Da Erwin mit ihm zusammenarbeitete, habe ich ihn gelegentlich gesehen. Bringen Sie bitte Frau Braun mit, hat er gesagt. Einmal bin ich in eine *Bredouille* geraten. Er hatte die Idee, Schriftsteller zusammenzuholen, die gemeinsam Romane entwerfen sollten. Nach dem Prinzip von Hollywood: Der eine macht den Plot, der andere schreibt die Dialoge. Also saßen wir in Brechts Wohnung in der Chausseestraße: Paul Wiens, Boris Djacenko, Käthe Rülicke, Erwin, ich in der Sofaecke, Brecht gegenüber. Und mit dem Kopf auf meinem Schoß lag breit und schwer Brechts Hund Rolf. Mir starb schon das Bein ab, aber wenn ich versuchte, mich zu bewegen, fing Rolf an zu knurren. Brecht hat das mit Interesse beobachtet, eine fatale Situation. Das Krasseste erlebte ich, als Brecht krank war und wieder mal gesagt hatte: Bringen Sie doch Frau Braun mit. Er empfing uns im Bett liegend. Jetzt hat er sich extra ein neues Nachthemd kaufen lassen, hat Erwin hinterher gesagt. Als wir in seinem Zimmer waren, musste ich unbedingt austreten, und er hat mich auf sein privates Klo verwiesen, das gleich hinter dem Schlafzimmer war. Da lag alles voller Kriminalromane.

Warst du schockiert, dass Brecht Krimis liest?

Nein, das wusste ich doch. Aber umso deutlicher wurde mir, dass ich auf peinliche Weise in seine ganz private Welt eingedrungen war.

War es ein Verhältnis von Gleich zu Gleich zwischen Strittmatter und Brecht?

Natürlich hat Strittmatter zu ihm aufgeschaut, auch wenn Brecht ihn gleichrangig behandelt hat. Nachher ist Brecht ganz unwillig gewesen, als wir aufs Land gezogen sind. Es hat ihm äußerst missfallen, dass er nicht über Strittmatter verfügen konnte. Denn er war immer darauf aus, dass die Leute seines Zirkels zur Verfügung standen. Dass er anrufen und fragen konnte: Was machen Sie heute Abend? Da wollte er uns sogar sein Auto schenken, den alten Steyr, damit wir schneller in die Stadt kommen konnten. Aber mein Mann lehnte dankend ab. Er wusste, dass der alte Steyr zwanzig Liter Sprit braucht, und hat vorgegeben, dass wir bald ein eigenes Auto bekommen würden.

Strittmatter – er hatte erst wenige Jahre zuvor mit dem Schreiben begonnen und bekam gleich den Nationalpreis …

1953 den Nationalpreis dritter Klasse für »Katzgraben«. Dafür hatte Brecht gesorgt, weil er wusste, in welch finanzieller Bedrängnis Strittmatter war. Mit dem Geld hat er ja Schulzenhof gekauft.

Strittmatter – ein Kader, mit dem die Macht so einiges vorhatte? 1956 wurde er stellvertretender Vorsitzender des Schriftstellerverbandes, war von 1959 bis 1960 Erster Sekretär und von 1969 bis 1978 einer der Vizepräsidenten.

Damals ist das System der Vizepräsidenten erst geschaffen worden. Anna Seghers wollte ihren Posten loswerden und stellte sich Strittmatter als Nachfolger vor. Das ZK hatte nichts dagegen.

Aber er wollte nicht?

Eben deshalb hat er vorgeschlagen, dass mehrere Vizepräsidenten gewählt werden sollten, damit Anna Präsidentin bleiben und sich doch etwas zurückziehen konnte.

Auch das zeigt: Erwin Strittmatter war einer, der im Politbüro als verlässlich eingeschätzt wurde.

Gewiss doch. Gegenüber den älteren Autoren, die aus der Emigration zurückgekehrt waren, galt er als hoffnungsvoller Nachwuchs. Brecht hat dafür gesorgt, dass er ziemlich zeitig etabliert war und ernst genommen wurde. Diese hervorgehobene Rolle hat ihm sicher zunächst gefallen. Auch später blieb er eine wichtige Person für die Öffentlichkeit. Er musste zum Beispiel unbedingt zum Parteitag eingeladen werden als Ehrengast. Selbst als er sich nicht mehr so sehr im Schriftstellerverband engagierte, überhaupt kaum noch wohin ging, saß er bei den Kongressen im Präsidium.

Neben Honecker.

Genau. Er hat sozusagen Schausitzen gemacht, zum Fotografieren, damit man ihm nicht nachsagen konnte, er brüskiere die Parteiführung.

Ein taktisches Verhalten?

Kann man so nicht sagen. Bei allem, was ihn in der DDR störte und wovon er sich selbst bedrängt sah: Er hat diesen Staat als den seinen empfunden, weil er ihm ermöglicht hat, Schriftsteller zu sein und davon leben zu können. Ernst genommen, gebraucht zu werden.

Wie habt ihr den 17. Juni 1953 erlebt? Ihr habt zu dieser Zeit doch noch in Berlin gewohnt. Was habt ihr von den Unruhen mitbekommen?

Unsere Wohnung war seit Mitte Mai jenes Jahres gleich hinter dem Strausberger Platz, auf der linken Seite, vom Alex aus gesehen, im sechsten Stock. Nach hinten heraus stand noch ein Gerüst. Von seinem Zimmer aus hat sich Erwin mit den Maurern unterhalten. Am 16. Juni saß ich am Schreibtisch und war dabei, zu Brechts Gedicht »An die Nachgeborenen« eine essayistische Arbeit zu verfassen. Die Fenster, die bis zum Fußboden reichten, standen weit offen. Da hörte ich ein Geräusch, als läge ich am Ufer des Meeres und hinter mir wären viele Hundert Menschen. Ich stellte mich an die Balustrade meines Vorderzimmers und sah, wie sich vom Alexanderplatz eine Menge heranwälzte, und rief nach Erwin. Der hatte gerade beobachtet, wie die Bauarbeiter bereits zu Mittag nach unten stiegen. Habt ihr denn schon Feierabend?, hat er gefragt. Nein, jetzt gehen wir erst mal ein bisschen streiken, bekam er zur Antwort. Daraufhin hat Erwin seine weiße Maurermütze aufgesetzt, die er immer trug, ist runter und hat sich diesem Zug angeschlossen. Erst abends ist er zurückgekommen. Bis zur Leipziger Straße ist er mitgelaufen. Er hat mir erzählt, was er beobachtet hat: wie Fahrradkolonnen und auch Fußgänger von Westberlin herübergekommen sind und wie diese Leute flammende Reden gegen Ulbricht gehalten haben.

Er hatte also begriffen, dass es mehr als ein Streik war?

Nicht gleich. Wir hatten ja die Vorgeschichte mitbekommen: dass Arbeitsnormen erhöht wurden und dass man zum Beispiel für die Kleingewerbetreibenden die Lebensmittelkarten abgeschafft hat, ihnen also die Zuwendungen, die generell allen zustanden, entzog. Plötzlich hieß es: Die können sich selber versorgen. Das war alles ziemlich hässlich und hat die Leute verrückt gemacht. Die Regierung versuchte, den Streik abzuwiegeln. Doch am 17. Juni schon in aller Frühe kam aus Richtung Alexanderplatz eine Menschenkolonne, so breit wie die Allee. Es war klar: Die sind durch nichts aufzuhalten. Von der Lichtenberger Seite rückte die Polizei an, damals noch in blauen Uniformen. In Doppel- oder Dreierreihen haben sie sich den Leuten entgegengestellt. Aber sie wurden einfach beiseite gedrückt. Erwin hat sich dem Zug angeschlossen, der dann Richtung Stadtmitte weiterzog.

Warum? Aus Neugier?

Das war bei ihm fast krankhaft, diese Neugier. Es wurde aus der Menge nach Pieck und Grotewohl gerufen, aber der Einzige, der sich den Demonstranten stellte, war Fritz Selbmann, damals Minister für Schwerindustrie. Erwin hat ihn eigentlich weder als Autor noch als Person besonders geschätzt, aber dieser Mut, sich der Gegenrede auszusetzen, imponierte ihm.

Hattet ihr das Gefühl, dass es mit der DDR auf der Kippe stand?

Nein, daran haben wir damals nicht gedacht.

Aber im Nachhinein stellt es sich doch so dar: 1953, 1956, 1961, 1968 spitzte sich die Lage dermaßen zu, dass es tatsächlich mit der DDR hätte vorbei sein können.

Ob sich die DDR hielt, hing doch immer von den Russen ab. Da hat Strittmatter am 17. Juni etwas erlebt, was Manfred Wekwerth, damals Brechts Assistent, später bestritt. Obwohl er es nicht wissen kann, er war ja gar nicht dabei. Erwin war mit Käthe Rülicke und Brecht vom Berliner Ensemble bis zum Brandenburger Tor gelaufen. Unter den Linden war die Stimmung der Demonstrierenden schon so hochgeputscht, dass man nicht wusste: Lynchen die jetzt jemanden oder was? Kommen die Amerikaner und schießen rüber? Wie eskaliert es? Dann, gegen Abend, sind die Panzer aufgefahren, russische Panzer, ihre Kanonen auf die *Menge* gerichtet. Und Brecht streifte seine Mütze ab, schleuderte sie in die Luft und schrie »Hurra, Hurra, Hurra«.

Ein Hurra für die russischen Panzer?

Strittmatter hat geschrieben, er sei so perplex gewesen, denn er hätte sich nie dazu verstehen können, Panzer mit Hurra zu begrüßen. Er hat es als bedrohlich empfunden. Vor allem auch für Brecht. Die Leute hätten ihn lynchen können. Dem entgegen stand die Präsenz der Russen, die, so sah es auch Erwin durchaus, den Fortschritt verteidigt haben. Kurz darauf hat Brecht einen Brief an Ulbricht verfasst, in dem er um Aufnahme in die Partei gebeten hat. Erwin hat er ins ZK geschickt, dass er dort alles Nötige vorbereitet: Sie sollen ihn sofort als Demonstration für die Weltöffentlichkeit in die Partei aufnehmen. Das hat Brecht gewollt, um den Staat zu stützen, den er als den seinen betrachtete. Doch im ZK haben sie gesagt: Nein, um in die Partei einzutreten, braucht man Bürgen und eine Kandidatenzeit. Zugleich hatte Brecht in seinem Schreiben angemahnt, dass die Parteiführung in sich gehen müsse. Was seien Staaten ohne die Weisheit des Volkes? Dieser kritische Absatz wurde weggelassen, als der Brief im »Neuen Deutschland« gedruckt wurde. Das hat Brecht natürlich rasend gemacht. Er wollte ihnen eine Stütze sein, aber die führenden Genossen haben nicht begriffen, was es bedeutet, wenn ein Brecht sich vor aller Welt öffentlich zur DDR bekennt.

Du sagtest: Es hing immer von den Russen ab, ob sich die DDR hielt. War das schon damals deine Sicht?

Natürlich. Die DDR hätte sich nie alleine halten können. Das war auch 1956 so. Du kannst dir nicht vorstellen, was für eine kritische Situation das war. Wir haben das hier in Schulzenhof *hautnah* erlebt. Was denkst du, wie häufig hier Ballons runtergingen aus Westberlin, mit Flugblättern, die speziell vom Ostbüro der SPD hierher geschickt wurden. Alle vier Wochen wurde verkündet, in vier Wochen geht die Sowjetzone ein. Die haben ja nicht von DDR gesprochen. Das war nur die Zone für sie. Das war so militant, und wir haben uns hier wirklich gefährdet gefühlt. 1956 hatten wir richtig Angst, denn hier draußen gab es schon Leute, von denen man ahnen konnte, die hätten uns *aufknüpfen* können. Die waren so verbissen in ihrer Feindschaft zum Staat. Die Waldarbeiter wurden losgeschickt, die Flugblätter aufzusammeln. Einmal ist bei uns im Garten so ein grüner Ballon runtergegangen, überall lagen diese *Hetz-*

blätter herum. Die waren aus ganz dünnem, festem Papier, in kleiner Schrift gedruckt, und dabei agitatorische Aufrufe zum Handeln.

Wie du das sagst, fällt mir ein, dass ich solche Flugblätter als kleines Kind auch gesehen habe. Und dieses Wort »Ostzone« habe ich auch später immer wieder als beleidigend empfunden, während die BRD für sich den Begriff Deutschland in Anspruch nahm. Wie kamen sie eigentlich dazu, das Land, in das ich hineingeboren war, nicht anzuerkennen!

Weil sie es weghaben wollten. Das war mir immer klar. Und es wurde auch so gesagt. Im Hintergrund wühlt die CIA, gerade im Bereich der Kultur, gerade unter den Literaten, so hieß es. Was man mitunter ziemlich übertrieben fand: Ach was, Spinnerei, wieso soll sich die CIA für uns Autoren interessieren? Erst heute erfährt man aus Dokumentationen, wie sie zum Beispiel auf Arte gelaufen sind, dass das alles stimmte und sogar noch viel schlimmer war.

Du meinst sicher den Film von Hans-Rüdiger Minow »Benutzt und gesteuert. Künstler im Netz der CIA«?

Ich weiß den Regisseur nicht, aber jedenfalls war es eine große Dokumentation, in der sogar der Name Böll fiel. Vieles, was Künstler für ihre eigenen Aktivitäten hielten, war im Hintergrund finanziert aus den USA. Sie bildeten sich ein, sie wären unabhängige Denker, und wurden doch geschoben … Schlimm. Aber wir sprachen ja über das Jahr 1956. Anfang November waren wir in Thüringen zur »Woche des Buches«. In Saalfeld sind wir in eine Gaststätte gegangen, um etwas zu essen. Am Tisch neben uns saß eine Gruppe von Männern, und einer zeigte plötzlich auf Erwin: Stalin! Damit spielten sie auf seinen Bart an. Aber das war nicht witzig, das war so abfällig, so bösartig gesagt, dass es mir richtig *mulmig* wurde. Wir wussten an diesem Abend noch nicht, was los war. Erst am nächsten Tag haben wir vom Einmarsch der Sowjetarmee in Ungarn erfahren.

Von der Niederschlagung des Aufstands in Ungarn.

Da konnte einer sagen: Mit der DDR hatte das nichts zu tun. Du hast mich vorhin nach meinem politischen Verständnis gefragt, das zunächst noch kaum entwickelt war. Aber gerade diese Jahre haben bei mir viel bewirkt. Und 1956 war ein richtiger Knotenpunkt. Auf der Fahrt von Thüringen zurück nach Berlin sprachen wir darüber, wie wir mit Louis Aragons Wunsch umgehen sollten, den »Wundertäter I« in Paris zu publizieren. Da Erwin noch nicht fertig war, sollte er das Manuskript Stück für Stück liefern. Während dieser Fahrt entschieden wir jedoch, dass er darauf verzichtet, weil der Text im Ganzen noch überarbeitet werden muss. Natürlich drängte der Verlag zu diesem Frankreich-Geschäft. In Berlin verabredete ich gleich einen Termin mit Walter Janka, um ihm in Erwins Namen zu erklären, dass er sich bei der Abgabe des Textes keinesfalls drängen lässt, bis er nicht insgesamt damit zufrieden ist. Soll Aragon eben was anderes drucken. Erwin wird das Manuskript nicht aus der Hand geben, ehe nicht die letzte Korrektur gemacht ist. Janka gefiel das gar nicht, aber er sah es ein. Als wir einig waren, sagte er zu mir etwas Überraschendes: Ich solle doch Erwin dazu bringen, einen großen Artikel für die »Wochenpost« zu schreiben. Dort würde man schon auf seinen Text warten zum Thema: Ulbricht muss weg. Eine Gruppe von Genossen sei dabei, sagte Janka zu mir, für die DDR eine neue Regierung vorzuschlagen, unter Führung von Paul Merker, den Janka aus Mexiko kannte. Eine ganze Reihe von Schriftstellern ist ja in Mexiko in der Emigration gewesen. Wenn die DDR weiterbestehen soll, müsse Ulbricht weg, und das sei schon bestens vorbereitet. Es würde nur noch ein öffentliches Signal gebraucht von jemandem, auf den das Volk hört. Erwin hatte mit »Tinko« gerade einen sensationellen Erfolg. Die Leute haben ihn geliebt für dieses Buch. Wenn er schriebe, die Missstände seien so groß, dass man eine andere Regierung braucht, würde das Wirkung haben, meinte Janka. Für mich kam das völlig aus heiterem Himmel, und ich habe erst mal nur gesagt: Das ehrt ihn ja sicher, dass Sie ihm so viel zutrauen, aber wie er sich verhält, muss er selbst entscheiden.

Er hat es nicht gemacht. Aber kann man sich im Nachhinein nicht vielleicht doch fragen, ob es in der DDR mit einer anderen Regierung besser gelaufen wäre?

Er hat an seiner Entscheidung auch später nicht gezweifelt. Ich habe damals zu Janka gesagt: Wir sehen die Situation als gefährlich an. Was wir erleben mit den Leuten um uns herum, lässt befürchten, dass es in der DDR noch schlimmer kommen könnte als in Ungarn. Bei dieser Nachbarschaft zum Westen wäre es durchaus möglich, dass alles ins Wanken kommt, bis zum Blutvergießen. Das können wir nicht wollen. Aber, bitte, Erwin soll entscheiden. Ich werde ihm den Vorschlag überbringen, doch ich kann mir nicht denken, dass er darauf eingeht. Dabei ist es geblieben. Wir haben uns nicht gerührt. Als dann die Verhaftungen folgten, hatten wir fast ein Zerwürfnis mit den Sterns, mit denen wir befreundet waren, wie ich dir erzählt habe. Ich habe von dem Ansinnen Jankas mit niemandem gesprochen, außer Jahre später mit Kurt und Jeanne Stern. Jeanne ist ganz verrückt geworden und behauptete, ich lüge. Das hätte Janka nie gemacht. Aber ich konnte nur sagen, was war, dass die Leute nicht wegen Kleinigkeiten eingesperrt worden sind, sondern weil sie planten, die existierende Regierung abzulösen.

Das heißt also, dass du gar nicht empört über die Verhaftungen warst?

Ich will nicht bestreiten, dass es da im Einzelnen guten Willen gab. Aber die Frage war doch: Kann eine Gruppe von Leuten ohne weiteres die Regierung ablösen, ohne dass es zu Katastrophen kommt? Erstens war nicht sicher, ob sie es überhaupt besser machen würden, weil sie keinerlei praktische Erfahrung hatten. Und zweitens, selbst wenn sie großartige Leute waren und das Beste wollten, waren sie doch ebenso eingebunden in die internationale Zwangs- und Drucksituation. Auch muss man sich fragen, ob die Intention der Leute, die sie animiert und gestützt haben, wirklich auf einen besseren Sozialismus gerichtet war, oder ob es nicht letztlich um seine Abschaffung ging.

Würdest du so weit gehen, dass alles – Mauerbau, Niederschlagung des Prager Frühlings 1968 – ohne Alternative war, wenn man die DDR halten wollte?

Was dachtest du denn?

Gab es aus deiner Sicht die ganzen Jahre über nur die beiden Möglichkeiten: Entweder sich mit dieser dogmatischen Staatsform abzufinden oder eben das sozialistische Experiment aufzugeben? Gab es keine Möglichkeit, den Sozialismus zu verbessern?

Viele wollten das, sicher, aber es war ein schöner Traum. In Wirklichkeit ging es bei all diesen Versuchen doch nur darum, eine Bresche zu schlagen. Letztlich ist das ja auch gelungen.

Weil, wie du gesagt hast, die DDR irgendwann von der Sowjetunion aufgegeben wurde?

Natürlich, weil sie dort mit sich selber so große Schwierigkeiten hatten. Und die Leute haben Gorbatschow zugejubelt …

Du hast nie an ihn geglaubt?

Keinen Moment. Wir beide nicht, Erwin und ich.

Ich schon.

So viele, fast alle.

Weil doch offensichtlich war, dass es einen Aufbruch geben müsste in der DDR und dass der mit dieser verknöcherten Führungsspitze nicht zu bewerkstelligen war.

Na, ich weiß nicht, ob man sich wirklich allgemein so nach einem imaginären Aufbruch gesehnt hat oder doch einfach nur nach vielfältigen Verbesserungen des Lebens. Dass sich die DDR in einer Zwangslage befand, von Anfang an mit diesen fast nicht vorhandenen Ressourcen, das war ja klar. Man war abhängig von Rohstofflieferungen aus der Sowjetunion, die teuer bezahlt werden mussten. Um überhaupt was zu produzieren, brauchten wir eben Erdöl, Erdgas und so weiter. Das waren keine Geschäfte auf Gegenseitigkeit. Allein wenn man den Bau der Erdöl- und der Erdgastrasse nimmt, dafür hat die DDR alles geliefert – Arbeitskräfte, Technik, die zum Teil im Westen gekauft werden musste –, das hat unmäßig viel ökonomische Kraft gekostet. Ich weiß noch, wie Konrad Naumann im Vorstand des Berliner Verbands einen Vortrag gehalten hat, der mich schockierte, und unser Kreisplanungschef aus Gransee sagte: Es wird wohl nichts anderes übrig bleiben, als dass uns ein Krieg rettet ...

Kann nicht sein: Die DDR sollte einen Krieg führen?

Natürlich nicht! Es ging um Munitions- und Waffenexport. Naumanns Vortrag fand kurz nach der Leipziger Messe statt, und er hat sozusagen ein Geheimnis ausgeplaudert: dass Waffengeschäfte abgeschlossen worden sind. Die DDR habe ein solches Finanzdefizit, dass nichts anderes übrig bleibt, als Waffen zu verkaufen. Natürlich dürfe das keiner wissen ... Und das unmittelbar nach den Helsinki-Verträgen. Wir fanden das ungeheuerlich. Dann kam die Sache auf mit den Krediten, die Strauß der DDR verschafft hat. Ich weiß noch, wie ich zu unserem Parteisekretär Sepp Müller sagte: Na, jetzt wird es aber ganz und gar verrückt. Wir nehmen einen Millionenkredit von Strauß, und der lacht sich ins Fäustchen.

Aber der Triumph war doch erstmal aufseiten der DDR?

Zunächst wohl. Aber es waren Verbindlichkeiten eingegangen worden, die irgendwann beglichen werden mussten. Vernünftigerweise hätte man die Staatsverschuldung reduzieren sollen, aber das hätte letzten Endes bedeutet, Erwartungen der Leute zu enttäuschen.

Die man unbedingt bei Laune halten musste. Erst heute wird einem klar, in welchem Maße die Existenz der DDR von der Zu-

stimmung oder wenigstens Duldung der Bevölkerung abhing. Das westliche System scheint darauf viel weniger angewiesen zu sein.

Das stimmt. Als wir in Piešťany zur Kur waren, hatten wir dort einen Tischnachbarn aus Rosenheim. Der war aus einer Dynastie von Händlern. Die haben zum Beispiel den ganzen *Käse* für die Delikat-Läden geliefert; die DDR galt ihnen als der zuverlässigste Handelspartner, den sie überhaupt hatten. Von ihm haben wir eine Menge über derlei Geschäfte mit der DDR erfahren. Auf dem Anwesen eines seiner Brüder haben sich Strauß und Schalck-Golodkowski zu Verhandlungen getroffen. All das hatte für uns etwas Unheimliches.

Weil ihr euch Sorgen machtet, wie die DDR diese Kredite je begleichen soll?

Natürlich hat uns das beschäftigt. Hinzu kamen, unterirdisch, zunehmend Gerüchte über dissidentische Bewegungen. Da stand man immer vor der Frage: Wie verhält man sich? Natürlich war die Ausbürgerung Biermanns politisch idiotisch. Erwin war darüber ungeheuer zornig, ist zu Hager gegangen und hat gefragt, ob sie verrückt geworden sind. Von nun an würde der Schriftstellerverband gespalten sein.

Die Ausbürgerung Biermanns war der erste Schritt dazu, der zweite war der von Stephan Hermlin initiierte Offene Brief dagegen, den er an die Westmedien gab, was den Unterzeichnern in der DDR ziemliche Schwierigkeiten einbrachte. Ich verstehe immer noch nicht, wieso er, ein Mann von solchem politischen Weitblick, dieses Desaster nicht voraussehen konnte.

Hermlin war doch so eine narzisstische Figur. Und dann musst du dir vorstellen, was es für ein Gewebe im Hintergrund gab, allein schon über den Internationalen P.E.N. Manche Autoren mussten sich vorkommen, als seien sie nun Weltbürger und völlig hinausgehoben über das, was für die anderen Leute in der DDR galt. Man hat sie in einem Gefühl von Bedeutung gewiegt, dass sie tatsächlich dachten, sie könnten die Biermann-Ausbürgerung rückgängig machen, und eine politische Gegenreaktion überhaupt nicht in Betracht gezogen haben.

Aber, wie gesagt, der politisch erfahrene Hermlin hätte es doch verstehen müssen.

Sicher, aber in seinem Narzissmus hat er eben nicht gedacht, dass es so läuft. Und Leute wie er, heißt es, haben auch die ganze Zeit versucht, Biermann zu beeinflussen, dass er sich mäßigen soll. Der aber habe es darauf angelegt, dass er rausexpediert wird.

Der wollte das, meinst du?

Er wollte vielleicht nach drüben. Die hatten ihm ja so viele Brücken gebaut, ihn angekurbelt und angeschoben, ihm eine solche Bedeutung zugeschrieben. Das muss einem doch schmeicheln. Aber mir ist in diesem Zusammenhang etwas Schreckliches passiert.

Im Zusammenhang mit Biermann?

Zu dieser Zeit war ich in der Parteileitung des Verbandes. Ich hatte mich dazu überreden lassen, weil ich dadurch immer mal wieder vom Dorf wegkam nach Berlin. Erwin hatte sich von all dem schon weitgehend zurückgezogen. Es gab zu dieser Zeit laufend Sitzungen, Aussprachen. Wieder war so was anberaumt, doch ich habe mich entschuldigt, denn ich war ziemlich krank, mit Halsschmerzen und Fieber. Daraufhin bin ich angerufen worden von der Bezirksleitung, aus dem Büro von Konrad Naumann. Ich solle doch unbedingt kommen, wenn auch nur kurz, danach könne ich gleich wieder wegfahren. Ich habe mich also aufgerafft und wurde zu Naumann gebeten. Der sagte: Strittmatter verweigert sich. Also bitten wir dich. Du musst zur Eröffnung der Sitzung eine Entschließung der Parteileitung des Verbandes vorlesen, weil wir den Namen Strittmatter brauchen. Er gab mir einen Text, so ungeheuerlich formuliert, dass ich sagte: Das kann ich nicht.

So was kann ich nicht vorlesen. Er darauf: Es muss deutlich werden, dass dieser Vorschlag von dir kommt, dass du diese Resolution zur Abstimmung bringen willst. Ich: Das glaubt mir kein Mensch, dass ich das verfasst haben soll. Er: Du wirst das schon machen. Er hat mich dann in seinem großen Volvo mitgenommen, der an den Fenstern Vorhänge hatte, und während der Fahrt gesagt: Ich wollte dich schon immer mal hinter *Schwedischen Gardinen* sehen.

So eine Drohung?

Vorgebracht wie ein Witz. Der Volvo ist ja ein schwedisches Fabrikat. Aber ich bin dabei geblieben: Wenn ich diesen Text verlesen soll, muss ich die Freiheit haben, ihn zu redigieren. Da haben sie per Blitzgespräch Honecker angerufen, der gerade in Bukarest war, haben ihm meinen redigierten Text vorgetragen, und der hat ihn gebilligt. Trotzdem war alles noch schlimm. Ich bin aufgestanden und habe gesagt: Es wird wohl niemand annehmen, dass das, was ich jetzt vorlese, ein Gedicht von mir ist. Und als ich fertig war, fühlte ich mich so elend. Ich konnte wochenlang kaum schlafen. Anna Seghers hat mich angerufen und gesagt: Du hast doch gar nichts Übles begangen, setz dich nicht so unter Druck. Sie hat mir immer Ratschläge gegeben, was ich für homöopathisches Zeug einnehmen soll, damit ich wieder schlafen kann.

Die wird solcherart Zwangssituationen gekannt haben. Aber für dich ist es wahrscheinlich das Schlimme gewesen, in eine Lage gebracht worden zu sein, fremdbestimmt zu handeln?

Dass man mich so *vorgeführt* hat. Ich habe später mit Biermann darüber gesprochen. 1997 haben wir zusammen in Leipzig am Vorabend der Messe in einer Sendung des MDR gelesen.

Wie hat Biermann reagiert?

Gelassen.

Warst du 1979 mit bei dieser Versammlung im Roten Rathaus, als neun Autoren aus dem Schriftstellerverband ausgeschlossen wurden?

Nein! Obwohl mein Freund, der Maler Karl Hermann Roehricht schwört, er hätte in der Fernsehaufzeichnung gesehen, wie ich rauskomme aus dem Roten Rathaus. An dem Tag, als das stattfand, sind wir gerade aus Piešťany zurückgekehrt. Wir hatten von nichts eine Ahnung und haben erst nachher aus der Presse erfahren, was da stattgefunden hat.

Ein Desaster.

Sicher. Aber, wie gesagt, die Kluft in den Schriftstellerverband war schon vorher hineingetrieben. Und es gab Leute, die ein Interesse daran hatten, dass sie sich noch mehr vertiefte. Du siehst ja, wie Hermann Kant sich wider seinen Willen verwickeln musste in diese Sache. Die Versammlung im Roten Rathaus hängt ihm nun ein Leben lang an.

Wider seinen Willen? Siehst du es so, dass er von außen unter Druck gesetzt war? Von Konrad Naumann? Von Honecker? War dieses harsche Vorgehen gegen unbotmäßige Autoren gar einem Wunsch aus Moskau geschuldet?

Was meinst du, wie viele kulturpolitische Entscheidungen mit der SU abgestimmt waren. Nimm bloß den dritten Band vom »Wundertäter«. Klaus Höpcke hat ihn nach Moskau geschleppt, und dort wurde entschieden: Das darf nicht gedruckt werden. Aber konnte die DDR etwa ein Buch von Strittmatter verbieten? Wie sie da laviert haben! In der Strittmatter-Bildbiografie ist ein Brief von Hager an Honecker nachzulesen, worin er erklärt, man müsse wohl doch »in den sauren Apfel« beißen, das Buch zu veröffentlichen, und darlegt, wie die Wirkung abzufangen sei. Zum *Maßnahmeplan* gehörten kritische Rezensionen in ND, »Wochenpost«, NDL und »Sonntag« und der *Abkauf* von zwanzigtausend Exemplaren durch die Armee.

Hat Erwin das damals so detailliert gewusst?

Aber ja. Es gab immer Leute, die uns informiert haben, aus dem Verlag oder aus dem Ministerium. Solche Dinge bleiben nicht geheim.

Wie ist er damit klargekommen?

Er war so wütend die ganze Zeit. Es hieß dann immer schon: O Gott, o Gott, mit dem ist schlecht Kirschen essen.

Das sollte man nun aber doch genauer erklären. Das versteht heute keiner mehr. Es musste doch wohl nicht jedes Buch in Moskau genehmigt werden?

Jedes Buch, in dem die Russen vorkamen. Und ging es um Bulgaren, musste es in Sofia abgenickt werden.

Und spielte das Buch in Toulouse, fragte man in Paris nach?

Das wohl auch. Die DDR-Führung wollte mit niemandem Ärger haben. Und in »Wundertäter III« ist die Vergewaltigung einer Siebzehnjährigen durch Sowjetsoldaten beschrieben. Und deren schreckliche Folgen. Das war ein Tabu. Das war auch Erwin klar. Aber er hatte an diesem Punkt das Bedürfnis, die Wahrheit zu sagen über das, was er beobachtet und erfahren hatte. Das war für ihn zur zwingenden Idee geworden, sonst würde er vor seinen Kindern nicht gerechtfertigt sein. Keinerlei Konzessionen wollte er machen, auch auf die Gefahr hin, dass das Buch eben zu seinen Lebzeiten nicht erscheint.

So weitgehend war seine Entscheidung?

Ja, sicher. Es gab schon Probleme, als der zweite Band vom »Wundertäter« ins Russische übersetzt werden sollte. Da erschien eine Mitarbeiterin des Verlags Raduga, um zu erreichen, dass er bestimmte Stellen ändert. Zum Beispiel gibt es da eine Geschichte, die jeder bestätigen kann, der diese Zeit erlebt hat: Bei welcher Versammlung auch immer wurde der abwesende Stalin ins Präsidium gewählt. Lächerlich, aber es war so. Die zweite Sache betraf Lenin, ohne dass der Name vorkam. Erwähnt war das Bild eines großen Führers der Kommunisten, der tatarische Gesichtszüge hatte. Drittens wurde moniert, dass Erwin in den Passagen des Romans über Westdeutschland die dortigen Kommunisten Kommunarden nennt. Das könne nicht sein, hieß es, der Begriff betrifft die Pariser Kommune. Außerdem hielt die Dame die Szenen, die auf einer Kreisparteischule spielen, für anstößig. In der Sowjetunion, sagte sie, sei das Höchste, was alle wünschten und wollten, eine Parteischule besuchen zu können. Es dürfe nicht sein, dass man sich auf so karikierende Weise darüber auslässt. Vom Umfang her war es gar nicht viel, was Erwin hätte ändern sollen, vielleicht insgesamt drei Seiten. Aber er war nicht bereit. Die Unterredung fand in unserer Berliner Wohnung statt. Die Frau, eine Germanistin, die sehr gut Deutsch sprach, war ziemlich verzweifelt. Letztlich lief es darauf hinaus, dass das Buch in Moskau nicht gedruckt wurde. Eine erste Auflage von sechzigtausend Exemplaren war geplant, er hätte siebzehntausend Rubel Honorar dafür bekommen. So wurde in Moskau nur »Wundertäter I« veröffentlicht. Die beiden Folgebände erschienen wohl erst nach 1990.

Aber mit »Wundertäter I« hat es dafür in der BRD Probleme gegeben?

1961 hat Erwin ein paar Zeilen im »Neuen Deutschland« geschrieben zum Bau der Mauer und sein mehr oder weniger schwerfallendes Einverständnis bekundet. Es war doch in Berlin schon unerträglich gewesen, dass man für jede Schachtel Streichhölzer, die man kaufen wollte, seinen Ausweis zeigen musste. So weit war es gekommen, weil vorher die Westberliner alles weggekauft haben im Osten: Fleisch, Butter, das war eine schreckliche Sache, es war eine enorme ökonomische Belastung. Vor allem unter diesem Aspekt hat er die Mauer gesehen. Das hat ihm einen Aufschrei im Westen eingebracht. Konkret von einem Mann, den er aus Spremberg kannte, der

Gedichte und Essays schrieb, dem Erwin geholfen hat. Wochenlang ist er bei uns Hausgast in Schulzenhof gewesen, später hat er sich bei Hanns Cibulka festgesetzt, der Bibliothekar in Gotha war. Nach einiger Zeit ist er mit Cibulkas Frau gen Westen *abgehauen.* Cibulka blieb mit drei kleinen Kindern zurück. Und in der BRD hat er sich sozusagen *eingekauft,* indem er in Interviews die übelsten Dinge über Erwin und auch über Anna Seghers verlautbart hat. Als dann Erwins Zeilen zum Mauerbau erschienen, hat er einen flammenden Brief an den Verlag S. Fischer geschrieben, wo »Wundertäter I« schon zur Auslieferung fertig war. Die Verlagsleitung ist eingeknickt und hat die zwanzigtausend Exemplare einstampfen lassen. Klaus Wagenbach, der damals bei Fischer Cheflektor war, erschien hier bei uns, um uns seinen Protestbrief zu zeigen. Wegen dieser Geschichte hat er sein Amt niedergelegt und seinen eigenen Verlag gegründet.

Kann man es so zuspitzen, dass Autoren in der DDR beim Schreiben nie frei waren, dass sie immer befürchten mussten, es würde ihnen hineingeredet ins fertige Manuskript?

Ja, sofern sie bestimmte Probleme aufgriffen. Aber es gab ja auch genügend Bücher, in denen keinerlei *Sprengstoff* war.

Wann bist du in den Schriftstellerverband eingetreten?

1957 oder '58.

Mit welchen Autoren seid ihr besonders gut befreundet gewesen?

Mit Hermann Kant waren wir seit langem befreundet, mit Christa und Gerhard Wolf standen wir auch recht gut. Ja, wer war noch in unserem Kreis? Gerhard Holtz-Baumert, Horst Beseler und seine Frau Edith, Helmut Hauptmann, Alfred Wellm … Einige Jahre gehörten auch die Sterns dazu. Doch dann gab es Streit um Christa Wolf und Hermann Kant.

Was ist da passiert?

Die Sterns haben einen gegen den anderen *ausgespielt*. Christa sei doch so sensibel, hieß es. Sie ist ganz anders als Kant. Das hat mich aufgeregt. Was wisst denn ihr, ob er nicht auch sensibel ist und es bloß nicht zeigt? Also das glaubt er auf keinen Fall, hat Kurt Stern gesagt. Daraufhin habe ich ein Gedicht für Hermann Kant geschrieben.

Sensibilität

Von andern sagt man, sie sind sensibel.
Von mir wird das niemand sagen.
Das liegt wohl an der Selbstdisziplin,
Die mir verbietet zu klagen.

Ich mag die englische Höflichkeit,
Die über Persönliches schweigt
Und die nach außen ein tadellos
Gesundes *Ego* zeigt …

Die Freundschaft mit Hermann Kant hat mit einer Kritik und mit einem Lob begonnen. 1957 bei einer Tagung des Schriftstellerverbands zum Thema Kriegsliteratur hat er ein Referat gehalten. Nicht schlecht. Aber nach der Veranstaltung bin ich zu ihm gegangen, habe mich vorgestellt und gesagt: Lassen Sie diese wissenschaftlichen Exkursionen. Ich habe in der Zeitschrift »Neue Deutsche Literatur« Ihre Erzählung »Krönungstag« gelesen. Sie sind der geborene Erzähler. Als sein erstes Buch erschien, hat er mir eine Widmung hineingeschrieben. Fünfzig Jahre lang, kann man sagen, hat unsere Freundschaft keine Anfechtungen erlitten. Ich kenne ihn nur als interessierten und fürsorglichen Menschen. Allerdings ist er jemand, der sehr *hermetisch* ist. Es braucht einige Zeit, bis er einem Dinge anvertraut, die ihn ernsthaft betreffen. Das hat er im Laufe der Jahre vielfach getan.

Wenn ein Schriftsteller Schwierigkeiten hatte, wie Erwin mit seinem »Wundertäter III«, Christa Wolf mit »Nachdenken über Christa T.« oder Hermann Kant mit »Das Impressum«, hat man sich da untereinander gestützt oder musste der Einzelne damit alleine zurechtkommen?

Das hing davon ab, ob derjenige geneigt war, darüber zu sprechen. Erwin ist sicher nicht herumgelaufen und hat sich beklagt.

Weil ihm auch keiner hätte helfen können?

Möglich. Dass Hermanns »Impressum« *auf Eis* lag, haben wir von ihm nur nebenbei erfahren. Und bezüglich Christa Wolfs »Nachdenken über Christa T.« hat Erwin sich bei Otto Gotsche für eine Nachauflage ins Zeug gelegt. Der hat zu ihm gesagt: Na, sollen wir das Papier für die Nachauflage denn etwa dir entziehen? Aber dann meinte er: Na gut. Und auf dem 11. Plenum, wo eine ganze Reihe Autoren wegen ihrer Bücher und Filme angegriffen wurden, hat Christa Wolf eine mutige Rede gehalten. Am Abend jenes Tages ist sie zu uns in unsere Berliner Wohnung gekommen. Sie sah sehr hübsch aus in schwarzem Kleid mit mädchenhaft weißem Kragen voller Rosenknospen.

Wart ihr beim 11. Plenum dabei?

Nein, Christa Wolf hat uns erzählt, was sich da abgespielt hat. Sie war seit 1963 Kandidatin des ZK – was Erwin für sich abgelehnt und gesagt hatte, fragt doch lieber Christa Wolf. Aber nach dieser Rede ist sie nicht wieder ins ZK gewählt worden. In dieser Zeit standen wir uns noch einigermaßen nahe, bis dann ganz andere Leute aus dem Westen ins Spiel kamen, die sie besuchten und unterstützen wollten.

Was meinst du damit?

Dass es eine Gruppe von Autoren gab, die die DDR schon aufgegeben hatten. Zumindest für sich. Sie orientierten sich an der Zustimmung aus dem Westen. Hiesige Erwartungen waren schon nicht mehr maßgeblich für sie. Sie wurden auch umturtelt von westlicher Seite. Als das nach dem Ende der DDR aufhörte, war es ziemlich schockierend für sie. Aber bis dahin gab es einen regen Reiseverkehr von Verlagsleuten und Journalisten. Alles honorig auf den ersten Blick: Jemand wollte eine Anthologie zusammenstellen und sammelte Texte dafür, ein anderer sprach eine Einladung aus. Natürlich wurde das alles beobachtet von den Geheimdiensten beider Seiten. Bei uns ist auch mal so ein »Reisender« aufgetaucht, wollte einen Band machen »Schriftsteller der DDR«. Von mir sind da Gedichte drin und ein Interviewtext. Von Erwin, glaube ich, auch was, obwohl er mit dem Mann nichts zu tun haben wollte; er hat sich nicht sprechen lassen. Aber mich hat der Mann besucht in der Berliner Wohnung, wir haben mehrmals telefoniert, und dann hat er eben angefragt, was ich glaube, wann die Mauer fällt …

Und warum hat Erwin gesagt: Mit mir nicht?

Für so was hatte er ein ziemlich feines Gespür. Mitunter hieß es ja von ihm: Der ist verrückt, der leidet an Verfolgungswahn, der sieht überall Geheimdienste.

War der Schriftstellerverband für dich ein Ort, wo man sich frei über alles Mögliche austauschen konnte?

Es gab durchaus solche Veranstaltungen, in denen so eine freie Atmosphäre war. Aber wenn du in einer Versammlung von hundertdreißig Leuten bist, kannst du gar nicht mit jedem sympathisieren, jedem vertrauen. Das geht nur in einem kleineren Kreis. Trotzdem konnte man sich relativ wohl fühlen. Wir jedenfalls hatten nicht das Gefühl, dass der Verband irgendeine erpresserische Rolle spielt. Autoren haben ja von dieser Seite viel Hilfe erfahren, allein, was das Soziale betrifft.

Man hatte schon ein paar Vorteile, wenn man Verbandsmitglied war?

Ja, das hatte man.

Wie hast du das Ende der DDR erlebt? Wart ihr am 4. November, bei der großen Demonstration auf dem Alexanderplatz dabei?

Die haben wir uns im Fernsehen angesehen. Kopfschüttelnd.

Kein Gedanke daran, dass eine bessere DDR möglich wäre?

Die Inszenierung hat doch perfekt geklappt, und wenig später war es mit der DDR vorbei. Na, was macht Ihre Heldenstadt Leipzig, hat Erwin später zu Christoph Hein gesagt. Und wie Steffi Spira da in die Menge schrie »Nie wieder Fahnenappell!«. Das Theatralische sah man auf den ersten Blick.

Ihr habt in diesem Moment schon vorausgesehen, was folgen musste?

Über Gorbatschow haben wir von Anfang an gesagt: Der verkauft Vater und Mutter. Die Sowjetunion war dem Westen so verhasst, und über ihn wurde mit solcher Achtung gesprochen. Das musste einen doch stutzig machen. Spätestens mit der Etablierung von Vernon A. Walters als amerikanischer Botschafter in Bonn konnte man wissen, dass die DDR preisgegeben war und ihre Abschaffung nun vollzogen werden sollte. Als stellvertretender Direktor der CIA oder später als Botschafter – dieser Walters war doch fast überall mit im Hintergrund, wo etwas inszeniert werden sollte, ob in Iran, Ägypen, Brasilien, Angola oder in Chile, als Pinochet gegen Allende putschte.

Wie habt ihr reagiert, als die Grenze geöffnet wurde?

Wir haben es zur Kenntnis genommen. Das hatte auch angenehme Seiten. Unsere Kinder würden nicht zu warten brauchen, bis sie Rentner sind, um große Reisen zu unternehmen. Erwin, der Vater, konnte sich einen Audi mit Handschaltung kaufen. Er hatte eine Muskelatrophie im Oberschenkel und wahnsinnige Schmerzen beim Fahren mit unserem Wartburg. Und Jakob ist an den Rhein bis nach Belgien hinüber, war in

England und Schottland, Irland und Island, Frankreich, Portugal. Zunächst allein. Er wollte erst keine Familie, aber nachdem er mit achtunddreißig einen Infarkt hatte ...

So früh!

Danach war sein Leben verwandelt. Er war einverstanden mit Familie und Kind. Du ahnst nicht, wie viel Freude mir die beiden Mädchen machen, die er mit seiner Cathrin hat. Unsere Situation haben wir ruhig *eingeschätzt*. Wir würden finanziell zurechtkommen, selbst wenn es mit den Veröffentlichungen nicht mehr so *laufen* würde. Aber Erwin hat konsequent weitergearbeitet. Und der dritte Band vom »Laden« wurde ein großer Erfolg.

Also doch Zufriedenheit mit den Zuständen, wie sie waren?

Wir waren Realisten, haben gesehen, was für ein riesiges weltpolitisches Ringen es gab um Sein oder Nichtsein des sozialistischen Lagers. Natürlich haben wir an der DDR gehangen. Wir wussten, was wir diesem Staat verdankten. Dass Erwin ohne die DDR nicht zum Schriftsteller geworden wäre, ist sicher übertrieben. Er hätte in jedem Fall geschrieben, aber es fragt sich, unter welchen Bedingungen und vor allem was.

III

»Leben ist immer eine Kraftprobe, und die
eigentliche Leistung des Dichters ist die Bejahung
des Irdischen, seine rücksichtslose Benennung und
dennoch schlackenlose Verbrennung zu Sprache
und Licht.«
(»Poesie und andre Nebendinge«, 1980/2005)

*Es heißt, du hast mit zwölf Jahren schon angefangen, Gedichte zu
schreiben. Ich saß mit sechzehn in der Chemiestunde und verfasste
Sonette. Will sagen: Manch einer »dichtet« im Jugendalter, aber
mit Kunst hat das doch noch nichts zu tun?*

Mir war es durchaus ernst. Ich habe mit einer Art rhyth-
mischer Prosa begonnen, überwältigt von der Erfahrung der
Natur. Mit zwölf Jahren entdeckte ich die Bäume. Ein gewaltiger Eindruck. Etwas Erhabenes hatte für mich die Allee zwischen Neuruppin und Altruppin, die zum Stadtpark
führt. Und auch den Park selbst – im 18. Jahrhundert hatte
ihn ein Standortkommandant von seinen Soldaten anlegen
lassen – empfand ich als sehr schön mit seinen Wegen, den
Baumgruppen und dem großen Goldfischteich. 1942 oder '43
musste ich mit meiner Klasse in einem Dorf bei Neuruppin
bei der Kartoffelernte helfen. Ich weiß noch, dass ich mich
bemüßigt fühlte, in der Pause auf dem Acker meinen Mitschülerinnen Gedichte vorzutragen.

Wie haben die reagiert?

Ich glaube, positiv. Wahrscheinlich auch erstaunt, dass ich so was machen konnte. Zu diesem Erlebnis gehört noch, dass sich in der Nähe des Bauernhofs der Gutspark von Treskow befand und ich mich zwischendurch, zum späten Nachmittag hin, davongemacht habe, dieses Terrain zu erkunden. An einer Backsteinmauer vorbei geht es eine Böschung hinab, und ich finde mich unter Riesenbäumen wieder. Da habe ich mit einem Mal das Gefühl: Diese großen Bäume beschützen mich, ja, sie reden mich an. Es war zum Herbst hin, trübes Wetter, die Zweige rauschten. Ich hätte mich nichtig fühlen können. Doch es stellte sich eine Symbiose ein: Behaustheit, Geborgenheit unter den Bäumen. Ich entsinne mich, was für hohe Gefühle ich da hatte. Solche Empfindungen habe ich immer wieder gesucht.

Und das während des Krieges! Da hat eine Zwölfjährige so ein Erlebnis mit Bäumen! Wenn man das jemandem heute erklärt, denkt der, nein, im Jahr 1942 war doch keine Zeit für so ein Glücksgefühl.

Das ist wirklich seltsam. Ich habe mich mein Leben lang nicht im Einverständnis mit meiner Umwelt befunden. Die einzige Zeit, in der ich mich in Harmonie fühlte, ist ausgerechnet die Nazizeit gewesen, in der es nicht hätte sein dürfen. Das ist ja das *Schizophrene*.

Weil es die Kindheit und die Zeit des Erwachens zur Jugend für dich war. Aber wer weiß zu sagen, ob du nicht vielleicht von vornherein besondere Sensoren hattest für Natur und Sprache?

Was so zeitig in einem Kind vorgeht, ist wirklich schwer zu rekonstruieren. Wenn man ganz tief in die Zeit und in sich selber hineinhorcht, entdeckt man natürlich, dass bestimmte Sachen schon vorgeformt waren.

Hat dich das Studium der Literaturwissenschaft in diesem Talent nicht doch etwas blockiert?

Aber absolut! Das große Handicap ist, dass man das Gefühl hat, es ist alles schon geschrieben. Man fragt sich, was man dem noch hinzufügen könnte und sollte. Das ist über Jahre regelrecht lähmend gewesen. Als ich die Arbeit beim Verband begonnen hatte, versuchte ich mal wieder, ein Gedicht zu schreiben – es war politisch intendiert, bezog sich auf den französischen Krieg in Vietnam. Gut gemeint, doch es blieb ein Konstrukt von Worten.

Und wie war das mit der literaturkritischen Tätigkeit? Du hast sehr jung damit begonnen. Hattest du nicht Skrupel, fremde Werke zu bewerten? Wie stehst du zu deinen literaturkritischen Arbeiten von damals?

Ich hatte große Skrupel, das stimmt. Auch im Rückblick habe ich mir öfter gesagt: Wie konnte ich mich mit zweiundzwanzig Jahren erdreisten, so was zu machen. Es war ja weniger die Frage, ob ich es mir zutraue oder nicht. Man hat es mir vorgeschlagen, als die Zeitschrift »Neue Deutsche Literatur«, die NDL, gegründet wurde, von Günther Cwojdrak, der inzwischen tot ist. Er hat es mir zugetraut. Ich weiß nicht, ob meine erste Rezension Horst Beseler galt oder Boris Djacenko. Mein Text wurde akzeptiert und ist 1952 in der NDL erschienen. Aber die Unsicherheit blieb groß, das Gefühl von Vermessenheit, von Mangel an Lebenserfahrung.

Diese Skrupel kenne ich. Jemand hat Jahre an einem Text gearbeitet, und man nimmt sich bestenfalls eine knappe Woche, sich darüber ein Urteil zu bilden.

Ja, genau. Wer bin ich denn, dass ich jemandem so ohne weiteres sage: Das war wohl nichts, packen Sie es anders an oder lassen Sie es ganz.

Wobei es damals auch offizielle Vorstellungen gab, wie Literatur sein sollte. Fühltest du dich durch solche Fremdvorgaben beim Schreiben gestört?

Du müsstest dir mal die frühen Arbeiten ansehen. Zum Beispiel habe ich eine Sache geschrieben, die »Der Auftrag« hieß. Darin ging es um eine Erzählung von Horst Beseler, die nach der 2. Parteikonferenz der SED 1952 entstanden war. Im Sommer '52 vergab der Schriftstellerverband im Auftrag der Ministerien Stipendien an Schriftsteller, die sich in der Industrie, in der Landwirtschaft oder bei der Armee umschauen und etwas darüber schreiben sollten. Mit monatlich tausend Mark für ein Jahr wurden die Autoren engagiert, worauf einige auch gern eingegangen sind. Schließlich waren sie damit für eine Zeit gesichert, ihre Bücher wurden erwartet und gedruckt. Horst Beseler hat zum Beispiel ein Buch verfasst, das »Heißer Atem« hieß. Es spielte in einem Industriebetrieb, wo Leute sich zusammenfanden, Neuerermethoden anzuwenden, auf größere Leistungen hin. Zu diesem Buch habe ich geschrieben, dass es nicht funktioniert, nie funktionieren kann, mit solchen programmatischen Vorsätzen an Literatur heranzugehen. Dass Bücher aus Beobachtung, aus Lebenserfahrung entstehen. Andernfalls haben sie weder Muskulatur noch Geist, werden sie zur abstrakten, platten Konstruktion. Man kann nicht Aufträge vergeben und erwarten, dass wirkliche Literatur herauskommt. Was der Staat dafür an Geld aufwendet, ist völlig sinnlos, habe ich gesagt. *Unerhört* fanden das viele, gegen die Linie der Partei gerichtet. Aber F. C. Weiskopf, der damals gerade Chefredakteur der NDL geworden war, hat meinen Essay hoch gelobt. So was hat mich natürlich gefreut und bestätigt. Wobei von Anfang an das Gefühl von Anmaßung blieb: dass ich mir herausnehme, anderen Leuten vorzuhalten, wie sie denken und urteilen müssten. Geradezu naseweis schien mir das. Ich wollte nicht beleidigen. Deshalb habe ich mir später vorgenommen, mich nur dann zu äußern, wenn ich überzeugt bin von einer Sache, wenn ich loben kann. So habe ich über Alfred Wellm geschrieben, über Ludwig Renns »Neger Nobi«. Die letzte Kritik, die ich für die NDL verfasst habe, galt 1960 Dieter Nolls Roman »Die Abenteuer des Werner Holt«.

Als dich Erwin aus Ärger mit »Frau Noll« anredete ...

»Der Name Noll« hieß mein Text. Und der Witz bei der Sache war: Ich habe gegen mich selber gehandelt. Die Zeitschrift zahlte fünfzig Mark für die Seite. Und ich habe meinen Artikel immer weiter verdichtet, aus fünfzehn Seiten zehn gemacht. Ich war allein in Schulzenhof. Erwin war nach seinem großen Kreislaufkollaps in die Sowjetunion, nach Sotschi, zur Kur geschickt worden. Das hatte Otto Gotsche bewirkt, weil sie ihn unbedingt wiederhaben wollten als Ersten Sekretär des Schriftstellerverbandes. Er war also zur Herzkur in so einem eleganten Regierungsheim. Ich bin hier draußen geblieben und habe das alte Haus renoviert. Schon vorher hatte ich einen Tischler gefunden, der bereit war, Möbel einzubauen – Bücherregale und Schränke im Zimmer für Erwin, in den unteren Zimmern Doppelstockbetten für die Kinder, in meinem Zimmer auch Regale und einen Eckschrank. Einfache Kiefernmöbel, aber eben nach Maß gefertigt. Die Tischler waren vier, fünf Tage hier in Schulzenhof, haben in der Gaststätte in Dollgow logiert. Als das fertig war, bin ich Erwin nachgereist nach Sotschi. Aber vorher habe ich hier diesen Text »Der Name Noll« geschrieben. Das war alles so bedrängend, dass ich in Gefahr geriet, zur Trinkerin zu werden. Meine Nerven waren dermaßen unter Druck von dieser Spannung, dass ich nur mit Wein oder Cognac einigermaßen in Einklang kam und schreiben konnte. Es wurde wohl ein guter Text, aber, wie gesagt, auch der Endpunkt einer Entwicklung. Von da an habe ich keine Rezensionen im üblichen Sinne mehr verfasst.

Die »Briefe aus Schulzenhof« begannen damit, dass Erwin krank war und seine Briefe nicht beantworten konnte?

Genauso war es.

Hat es dir Spaß gemacht, für Erwin Briefe zu verfassen oder war das eher lästig?

Zunächst war es eine reine Pflichtaufgabe, einfach weil er mir so leidtat. Er hatte 1960 diesen Kreislaufzusammenbruch und '64 noch einmal. Da ging es ihm sehr schlecht, er lag im

Regierungskrankenhaus. Als wir ihn vor Weihnachten nach Hause holten, war er verzweifelt. Er würde nicht herausfinden aus dieser Situation, meinte er. Ehe er wieder zu seiner wirklichen Arbeit käme, müsse er erst diese Briefberge abtragen. Über Wochen wäre er mit Briefen beschäftigt. Manche Briefe waren ja schon Jahre alt. Da war zum Beispiel ein Brief von Ernst Fischer aus Wien zu literarischen, politischen Fragen. Oder von dem damals sechzehnjährigen Oberschüler Andreas Reimann. Beim Durchsehen der Briefe entdeckte ich, dass eben dieser Andreas Reimann, der Erwin zwei Jahre zuvor geschrieben hatte, gerade im »Neuen Deutschland« *heruntergemacht* wurde als *Schreiberling*. Es waren also kritische, heikle Briefe dabei. Ich habe Erwin aber versprochen: Ich *rette* dich, ich nehme dir die Post ab. So ist das losgegangen 1965. Er hat im Wesentlichen Tagebuch geschrieben, ist stundenlang ausgeritten, blieb manchmal so lange weg, dass wir uns Sorgen machten. Einmal war er am Abend noch nicht da. Wir standen auf der Haustreppe – Jakob, Matti, ich – und haben in die Wälder gebrüllt: Vater, Vater, Vater. Weil wir so eine Angst hatten, er könne gestürzt sein. Wie findet man jemanden mitten im Wald?

Zurück zu den Briefen …

… die mich zunehmend gefesselt haben. Es kamen auch laufend neue. Zum Beispiel wünschte sich Otto Gotsche, dass ich seine Bücher bearbeiten sollte. Er hatte den Ehrgeiz, sie in eine bessere künstlerische Form zu bekommen. Man hatte ihm *Naturalismus* vorgeworfen; das *wurmte* ihn. So gut ich ihn verstand, ich konnte und wollte es nicht. Meine Antwort steht gleich am Anfang der »Briefe aus Schulzenhof«.

Ich stelle mir vor, wie schwierig die Absage für dich gewesen ist, denn Erwin stand ja gut mit Otto Gotsche.

Hinzu kam, dass er mir meinen Bruder aus dem Gefängnis geholt hat. Mein jüngerer Bruder Udo hat in Leipzig Journalistik studiert, als die Mauer gebaut wurde, 1961. Eine Weile später ist er verhaftet worden: Sein *Zimmerkumpel* hatte ihn denunziert irgendwelcher politischer Witze wegen, die er ihm ganz privat erzählt hatte. Wir waren wie vom Himmel gefallen, als wir das hörten. Ich habe mich nach Leipzig aufgemacht. Von der Mutter seiner Freundin erfuhr ich, wo Udo war. Mit Zittern und Zagen bin ich zur Staatsanwaltschaft gepilgert. Dann bin ich auf Erwins Vermittlung in Berlin zu Rechtsanwalt Friedrich Karl Kaul gegangen. Kaul hat mich empfangen, Vorschuss kassiert, aber die Sache zog sich hin. Einer seiner Assistenten übernahm den Fall. Mein Bruder ist verurteilt worden zu fast zwei Jahren Gefängnis, kam aber vorzeitig frei.

Auf Gotsches Intervention?

Das will ich dir ja gerade erzählen. In der Akademie der Künste gab es irgendeine Festivität. Ich stieg die Treppe hoch zum großen Festsaal und Gotsche, rechts neben mir, fragte: Wie geht's denn so? Uns geht es gut, antwortete ich, aber ich habe Kummer wegen meines Bruders. Der ist Journalistikstudent und *sitzt ein* aus den und den Gründen. Gib mir mal die Unterlagen, hat Gotsche gesagt. Das habe ich gemacht. Drei Tage später war mein Bruder frei. Es war vor Pfingsten, da wurde er rausgerufen. Er hat im Bergwerk gearbeitet, was ganz schlimm war, weil er seit der Kindheit schwer herzkrank war. Das ist natürlich im Gefängnis wieder aufgebrochen. Obwohl er freikam, blieb er immer noch verurteilt und durfte nicht studieren. Er musste sich bei den Behörden in Neuruppin melden, die ihn als Arbeiter in den Gleisbau schicken wollten. Das war aber aus gesundheitlichen Gründen unmöglich für ihn. Ohne Genehmigung ist er nach Leipzig zurück und hat in einer *Kneipe* gearbeitet. Als es dort in den Abrechnungen Unstimmigkeiten gab, hat das Wirtspaar gleich auf ihn gezeigt: Wir haben da einen, der aus dem Gefängnis kommt. Daraufhin ist er wieder eingesperrt worden, die Bewährung ist verfallen. Aber in der Zwischenzeit, als er in der Gaststätte rausgeflogen war unter Verdacht, hatte er Ersatz gesucht und erfahren, dass der Reclam-Verlag jemanden sucht als Korrektor bzw. jemanden, der mit dem Auto in die Nordbezirke fährt und für die Bücher des Verlages wirbt. Er war schon bei Reclam, da kam der Prozess. Erwin fuhr zur Messe und traf Hans Marquardt: Wenn Schwager Udo aus dem Gefängnis heraus sei, sagte er, solle er sich unbedingt bei ihm melden, er würde ihn wieder einstellen. Erwin kam zurück, empört, dass ich das vor ihm verborgen hätte.

Hast du aber nicht?

Nein, ich wusste genauso wenig davon wie Erwin. Meine Mutter hatte mir nichts gesagt. Als Udo freikam, war es mit seinem Herzen schon wieder schlechter. Marquardt hatte bei der Staatsanwaltschaft in Leipzig für ihn gebürgt. Er hat sich großartig benommen meinem Bruder gegenüber. Udo hat zunächst als Korrektor gearbeitet, dann wurde die Vertreterstelle für den Norden frei. Schließlich hat er auf Fürsprache von Marquardt im Fernstudium seine Geschichtsausbildung beenden und promovieren können. Er war dann viele Jahre bei Reclam Lektor für Geschichte, Marquardts rechte Hand, zu seinem Nachfolger ausersehen. Wobei es die Hürde gab, dass er im Gefängnis gesessen hatte. Dann aber passierte es, dass Udos Frau 1987 von einer Familienfeier in Westberlin nicht zurückkam. Da stand er vor der Frage: Lässt er sich scheiden, um in seiner Stellung zu bleiben, oder hält er an der Ehe fest mit dem Ansinnen, der Frau zu folgen. Das bedeutete, dass der Verlag ihn nicht weiter beschäftigen darf. Er hat sich für seine Ehe entschieden und als Packer in einem Betrieb gearbeitet – zwei Jahre, bis er die Ausreisegenehmigung bekam. Und da wurde gerade die Mauer geöffnet.

Hat er dann wieder mit seiner Frau zusammengelebt?

Die hat ihn in Frankfurt (Main) vom Bahnhof abgeholt. Sie hatte in Westberlin an der TU ein Zusatzstudium absolviert, war ja schon in der DDR auf Computer spezialisiert gewesen. Und wie das Leben so spielt, hat sie beim Immobilienmakler Bernd F. Lunkewitz eine Anstellung gefunden. Na hoffentlich schafft die sich nicht inzwischen einen anderen an, haben wir immer gesagt. Und genau so war es: Sie hatte einen anderen. Meinen Bruder hat sie bald nach seiner Ankunft in Frankfurt (Main) quasi auf die Straße gesetzt. Er hatte keine Arbeit, brauchte ein halbes Jahr, bis er eine Stelle fand. Inzwischen hat er eine neue Frau und eine neue Familie. Im Nachhinein hat sich auch herausgestellt, dass es gar nicht verkehrt für ihn war, bis zur legalen Ausreise auszuharren. So hatte er Anspruch auf Rückerstattung.

Für seinen verlorenen Besitz, nachdem er ausgereist war?

Nein, für das, was er nach der Flucht seiner Frau an den Staatshaushalt *abführen* musste. Sie hatten in Leipzig eine 6-Zimmer-Wohnung und außerdem ein Grundstück mit Wochenendhaus. Den Anteil seiner Frau an diesem Besitz musste er bezahlen. Das ging in die Tausende. Er hat es erstattet bekommen, auch für seine Haft ist er entschädigt worden. Sogar die tausend oder tausendfünfhundert Mark, die ich an Kaul gezahlt habe, sind ihm zugegangen. Jedenfalls ist sein Leben nun recht *beruhigt*. Erwin hatte zum Beispiel seine erste Frau sehr gerne, die Helga. Sie wollte immer weg von Leipzig und hätte gerne in Schulzenhof für uns die Wirtschaft geführt. Aber Udo ist nicht der Mann gewesen, sich hier, etwa so wie Henry, um die Pferde zu kümmern. Ich habe gesagt, das führt zu nichts Gutem, das kann nur eine *Katastrophe* werden.

In den Briefen schreibst du oft »wir«. Hast du dich mit Erwin abgestimmt, was du den Leuten antworten sollst?

Bei manchen Briefen schon. Über die sehr bedeutsamen haben wir gesprochen. Aber im Allgemeinen wusste ich, wie seine Meinung war, wie weit sie mit meiner übereinstimmte. In dem Fall habe ich eben geschrieben: »Wir meinen.« Es wiederholte sich auch manches, das war nicht zu vermeiden. Ich habe mitunter zwanzig Briefe an einem Tag geschrieben, und zur Veröffentlichung habe ich manchmal von einem Brief nur eine Zeile gelassen, denn es sollte eine gewisse Eleganz haben, einen Rhythmus. Das war nicht wissenschaftlich gedacht. Korrekterweise hätten alle Briefe eines Datums auftauchen müssen, auch wenn von Ähnlichem die Rede ist. Aber ich wollte, dass eine Art Handlung entsteht. Da war manchmal ein Brief schon genug, dem ich dann vielleicht zwei Zeilen von einem anderen angefügt habe.

Du hast tatsächlich mehrere Briefe zusammengefasst?

Ja. Und zwar habe ich für den ersten Band in die Kopien der Texte – das war meist ganz dünnes Papier – mit Bleistift Klammern gezeichnet, um die Teile zu markieren, die weggelassen werden sollten. Vom zweiten Band an habe ich mir die Arbeit erleichtert und habe die Briefkopien auf festem Papier abschreiben lassen. So musste ich nicht die Originalkopien angreifen und konnte unbesorgt Striche machen.

Du hast die Briefe also auf Schreibmaschine getippt mit Blaupapier?

Ja. Vorher hatte ich Hunderte, Tausende Briefe von Hand geschrieben, die waren sozusagen *verloren*.

Aber als du anfingst mit diesen Antwortbriefen, hast du doch nicht geahnt, dass daraus ein Buch wird?

Keine Spur. Es ging mir einfach darum, Erwin zu entlasten. Später kamen dann auch mehr und mehr Briefe, die mich betrafen, meine Gedichte. Leser wandten sich direkt an mich. Das war zu Anfang noch nicht der Fall. Dazu gibt es ein Gedicht von mir:

Nachher

Keiner schreibt, keiner ruft an.
Ich bin vergessen, vergangen.
Was man nie vorher wissen kann:
Es hat nicht angefangen.

Es war nicht mehr als die Tasse Tee,
Die wir miteinander hatten.
Um wahr zu sein, Freund: Auch ich seh
Dich nur noch als den Schatten

Des Lichts, das neulich um uns war.
Wie siehst du eigentlich aus?
Das *Wirkliche* ist das ernste Jahr
Und die einsame Arbeit zu Haus.

Der Rausch aus Reden und aus Lachen,
Die Liebe im und aus dem Wort –
Wir wolln daraus kein Drama machen:
Etwas war da und ist nun fort.

*Ein frühes Gedicht, das du erst später im Zyklus »Liebe und Haß«
veröffentlicht hast?*

Ja, aber es ist an keine bestimmte Zeit gebunden. Es ist eine
Empfindung, die einen immer mal wieder trifft: Wenn man
zum Beispiel Menschen begegnet, von denen man glaubt, die
Bindung würde bleiben, und dennoch erstirbt das irgendwann. Wenn man das fatale Gefühl hat, alles geht an einem
vorbei, man ist vergessen, vergangen. Und das, was man erlebt hat, ist alles nicht wahr gewesen. Das hat Erwin auch so
bewegt: dass etwas sicher Geglaubtes schon nach kurzer Zeit
nicht mehr besteht. Man hat gedacht, es ist für ewig, aber so
ist es dann nicht.

*Wie ist es dazu gekommen, dass du aus den Briefen ein Buch ge-
macht hast?*

Das war eine vertrackte Geschichte. Dazu muss ich etwas
ausholen. Du kennst doch sicher noch den Eckart Krumbholz, den Anekdotenschreiber, ehemaliger Malerlehrling
aus Weimar, ein Protegé von Louis Fürnberg, der ihn sehr
gefördert hat. Eines Tages kriegten wir von Krumbholz ein
neues Anekdotenbuch in die Hand und fanden darin etwas,

das sich auf Erwin und Walther Victor bezog. Erwin hatte Krumbholz von unserem Besuch bei Walther Victor erzählt. Das war wirklich kurios: Im Hintergrund saß sein Sekretär, Werner Voigt, und schrieb. Man wusste nicht: Fungiert er als ein Eckermann und zeichnet unsere Gespräche auf oder ist er mit was anderem befasst. Frau Änne wieselte herum. Walther Victor rief, sie möge ihm doch den und den Brief von dem und dem bringen. Sie lief hinauf in sein Archiv und kam nach kurzer Zeit mit einem Ordner zurück, in dem alles stand, was sich in einem bestimmten Zeitraum auf Walther Victor bezog. Erwin hat gewitzelt, das gehe ja so weit, dass er selbst Ausschnitte über Viktor de Kowa sammelt. Zugleich hat er Victor sehr gelobt, was er für eine Ordnung hält. Bei ihm zu Hause werde alles in irgendwelche Koffer oder Kisten geworfen. Woraufhin Walther Victor sagte: Du hast das auch nicht nötig, du brauchst für deinen Ruhm nicht vorzusorgen.

Diese Anekdote hat Krumbholz *brühwarm* aufgeschrieben. Das hat Erwin maßlos geärgert, zumal Walther Victor das ja lesen konnte. Ich schickte Krumbholz einen Brief in der Art: Es ist ein sehr schönes Buch, aber hör mal, wenn du schreibst, dass Victor für seinen Nachruhm sorgen muss, kann ihn das nur kränken. Wenn du so was machst, wird man dich nicht mehr ins Haus lassen können. Kurz darauf hat Krumbholz irgendwo ein Interview gegeben: Sein Buch sei teilweise toleriert worden, aber teilweise auch nicht. Eine Dichterin habe ihm geschrieben: Man kann dich nicht mehr empfangen, wenn du solche Anekdoten verfasst. Ich wusste, dass ich gemeint bin, aber ich hätte doch nie formuliert »Man kann dich nicht *empfangen*«. Diese Fallhöhe ist nicht mein Stil. Dafür wollte ich den Beweis haben. So, und jetzt kommt, wie das mit den »Briefen aus Schulzenhof« zusammenhing: Ich habe tagelang in meinen Unterlagen die Kopie des Briefes an Eckart Krumbholz gesucht. Ich habe sie nicht gefunden. Aber beim Lesen in den Briefen habe ich begriffen: Hier ist unser ganzes Leben aufbewahrt. Und habe gedacht: Daraus könnte man was machen.

Das war schon, nachdem du als Dichterin Erfolg hattest?

Ich hatte im Aufbau-Verlag 1973 »Ich mach ein Lied aus Stille«
und 1975 »Mondschnee liegt auf den Wiesen« veröffentlicht
und ein weiteres Buch versprochen. »Poesiefest in M.« sollte es
heißen, um die Puschkin-Feiern im russischen Michailowskoje
sollte es gehen. Der Verlag wartete darauf. Aber weil ich nicht
Hals über Kopf so ein Buch machen konnte, habe ich Günter
Caspar gefragt, wie ihm ein Band »Briefe aus Schulzenhof«
gefallen würde. Caspar sagte: Mach mal. Das war 1976. Zum
Belgrader Herbst der Poesie war ich zehn oder vierzehn Tage
weg und wälzte die Sache im Kopf herum. Schon bevor ich
wegfuhr, hatte ich daran gearbeitet. Erwin wusste aber von
meiner Idee noch nichts. Ich hatte Sorge, wie er reagieren
würde. Als ich nach Hause kam, habe ich es ihm erzählt und
war sehr erleichtert. Na ja, das ist ja spannend, das könnte
was werden, hat er gesagt. Dann habe ich ihm die ersten hundert Seiten zum Lesen gegeben, und er war sofort angetan. Es
wurde sein Lieblingsbuch; über die Jahre hin hat er immer
wieder darin gelesen. Ich habe also hintereinander weg redi-
giert, und 1977, kurz vor Weihnachten, ist der erste Band der
»Briefe« erschienen. Gleichzeitig kam der Gedichtband »Die
eine Rose überwältigt alles« heraus. Der war schon fertig, hat
aber über ein Jahr auf die Publikation gewartet.

Warum das?

Vielleicht, weil es darin doch einige recht ketzerische Gedichte
aus der *Vor-Biermann-Zeit* gab.

Zum Beispiel?

Der Kern

Es muß einen Kern geben,
Zu dem man vordringen muß.
Natürlich: das Leben ist keine Nuß.

So sag doch einfach die Wahrheit:
Wenn es Nacht war, wird es Tag.
Ist das nicht die äußerste Klarheit?
Wer siegte, wer unterlag?

Wenn man gelebt hat, muß man sterben.
Vielleicht ist der Kern der Tod?
Wer wird die Welt erben?
Wer ißt unser Brot?

Werden alle lernen zu denken?
Haben alle dazu Zeit?
Muß man die Menschen lenken,
Damit man sie befreit?

Werden alle Menschen sich gleichen?
Wenn es sein kann, wann wird es sein?
Sprich nicht von Armen und Reichen!
Laß die Frage in dich ein.

Achte nicht auf die Namen,
Sie sind auswechselbar.
Es gingen und es kamen
Die Namen Jahr für Jahr.

Vielleicht ist es der Schluck Wasser,
Den du dem Dürstenden gibst,
Und daß du inmitten der Hasser
Den, den du hassen sollst, liebst.

Ich weiß nicht, was ist der Kern?
Muß es einen geben?
Gibt es nur einen Stern?
Gibt es nur ein Leben?

Ein schönes Gedicht: fragend, zweifelnd. Aber aufrührerisch?

Du weißt genau: Damals las man zwischen den Zeilen. Oder

ein anderes Gedicht, zu dieser Zeit geschrieben und 1980 im Band »Zwiegespräch« veröffentlicht:

Die Kette

Woher soll mir eigentlich Heiterkeit kommen?
So viele verzweifelte Menschen gehn um.
Gewöhnliche Leute, alltäglich stumm,
Doch mehrere haben mich angenommen

Als Freund mir um Rat geschrieben.
Als ob ich Rat zu verteilen hätte!
Ich kann nur sagen: hängt euch in die Kette,
Haltet einander, verzagt nicht zu lieben,

Auf daß ihr nicht stürzet ins Bodenlose,
Daß euch der Abgrund des Nichts nicht verschlingt.
Hört, wie die Amsel doch abendlich singt!
Seht doch, auch ihr seid benachbart der Rose!

Du sprachst von der Biermann-Zeit: Aber man findet in den Briefen zu diesem Thema überhaupt nichts. Hast du das weggestrichen?

Meine ich nicht. Ich glaube nicht mal, dass ich mich in den Briefen überhaupt damit *befasst* habe. Wie gesagt, keiner von ihnen ist mit dem Hintergedanken einer Veröffentlichung entstanden. Das macht wahrscheinlich den Reiz aus: Dass alles so spontan ist, keiner Absicht, keinem Zweck unterworfen.

Warum hast du, zumindest am Anfang, die Anreden weggelassen? Weil du aus verschiedenen Briefen etwas zusammengeschoben hast?

Zusammengeschoben nicht. Nur einzelne Zeilen von einem Brief sind manchmal geblieben. Vor allem auch, weil die Adressaten heikel waren. Ein Großteil der Briefe richtete sich an Lew Kopelew. Er und seine Frau gehörten zu unseren engsten

Freunden. Und es gab noch einige andere Adressaten, die im *Zwielicht* standen. Deshalb habe ich die Namen konsequent weggelassen. Beim letzten Band wollte der Verlag unbedingt, dass die Anreden dabei stehen sollten. Was ich später bedauert habe. Ich hätte mich nicht *breitschlagen* lassen sollen.

Aber jetzt doch zu deinen Gedichten: Wann war das, als du das erste Mal wieder Lust und Bedürfnis verspürtest, dich lyrisch zu äußern?

Das weiß ich ganz genau. 1961, in einer für mich *existenziell* bedrohlichen Situation. Ich kann es dir nicht auf den Tag sagen, aber ich finde die Spuren in Erwins Tagebüchern. Vor diesen Verwerfungen mit dem Schriftstellerverband, seinem Zusammenbruch, seiner Kur in Sotschi hat er das Schauspiel »Die Holländerbraut« geschrieben, das Benno Besson für das Deutsche Theater haben wollte und mit Käthe Reichel inszeniert hat. Merkwürdigerweise ist in den Tagebüchern überhaupt nicht von der Reichel die Rede. Aber er schreibt unentwegt über die Arbeit am Stück. Das kam in Berlin auf die Bühne, dann in Potsdam und gleichzeitig in Neustrelitz. Dort war damals Gerd Michael Henneberg Intendant. Er hat Erwin zu sich geholt zur gemeinsamen Regiearbeit. Dabei hat Erwin mit der dortigen Dramaturgie-Sekretärin, jünger als ich, eine Beziehung angefangen. Was mir zunächst völlig verborgen blieb. Es hat mich nur konsterniert, wie er zur Premierenfeier mehrere Leute einlud, mich mit ihnen sitzen ließ und selbst immer irgendwohin entschwand. Zwischendurch kam er angeschwebt: Habt ihr zu trinken? Habt ihr zu essen? Alles in Ordnung? In der Folgezeit fielen mir merkwürdige Briefe auf. Die übliche triviale Geschichte: Immer mal wieder fuhr er spontan weg, und kurz vor Weihnachten machte er einen großen *Aufriss*: Er könne hier nicht arbeiten – die Kinder stören, das Dach fällt ihm auf den Kopf –, er müsse nach Berlin, das solle ich verstehen. Später stellte sich heraus, dass er sich in unserer Wohnung mit dieser Frau getroffen hat. Das hat sich durch seine Briefe bestätigt. Er hat auch Gedichte geschrieben, die damit zu tun hatten.

Wie hast du davon erfahren?

Ich habe das Billigste gemacht, was man sich denken kann: Ich habe die Briefe gelesen und war im Bilde. Sinnigerweise hat er über diese Sache nichts in seinem Tagebuch vermerkt. Aber jedes Mal, wenn er sich mit ihr getroffen hat, hat er eine Blumenkante gemalt. Jedenfalls habe ich ihm dann nach Berlin geschrieben, dass ich mich von ihm trennen würde.

Hättest du das wirklich gemacht?

Was meinst du, wie zornig ich war. Was er natürlich völlig unangemessen fand. Wegen acht Tagen Bezauberung! Jedenfalls ist er zurückgekommen, und ich war viel beherrschter und vernünftiger, als er gedacht hatte. Es schien alles *glatt* zu gehen. Aber im Hintergrund tauchte sie immer wieder auf, schickte Briefe und zu seinem fünfzigsten Geburtstag 1962 kam von ihr als Gruß ein Tonband, das sie eingesprochen hatte. Im folgenden Herbst habe ich beschlossen: Jetzt *verlasse* ich ihn tatsächlich. Ich habe mich nach Berlin entfernt. Er war hier draußen, und ich habe dieser Frau ein Telegramm geschickt in seinem Namen: Er erwarte sie an dem und dem Abend in Schulzenhof.

Du wolltest sie dort zusammenbringen?

Ich habe dann doch einen Schreck bekommen, bin zurückgefahren und habe ihm alles erzählt. Als sie eintraf mit dem Fahrrad, war er außer sich vor Entsetzen. Ich habe den beiden dann gesagt, sie sollten zusammen in sein Zimmer gehen. Was sie auch taten, aber sie kam bald herunter, setzte sich zu mir ins Wohnzimmer und sagte: Sie weiß ja, wie eng die Bindung an mich ist. Zehn Jahre Leben. 1962 waren wir zehn Jahre zusammen. Ich erwiderte, es sei allein seine Entscheidung, er könne jeden Moment frei sein. Zehn Jahre würden nichts bedeuten, wenn sein Gefühl für sie so stark sei, würden wir uns noch heute trennen. Es war Abend, sie kam nicht mehr weg. Wir saßen zusammen im Wohnzimmer. Jedenfalls hat sie dann in meinem Zimmer übernachtet, im Eckzimmer im alten Haus. Und ich bin zu Erwin nach oben gegangen. Neun Monate später wurde Jakob geboren. Am nächsten Morgen hat er ihr Rad ins Auto geladen und sie nach Neustrelitz gefahren. Den ganzen Weg über hat sie ihn beschimpft, was für ein Feigling er sei.

Und du hast derweil ein Gedicht geschrieben?

Nein, das war vorher, als ich zur Erkenntnis kam, dass er mich betrügt und belügt. Er konnte Stein und Bein schwören mit einer unglaublichen Aggressivität gegen sich selber. Das habe ich später noch mal viel schlimmer erlebt mit dieser Künstlerin aus Berlin. Grauenhaft, wie er in seinem Appartement herumlief, schrie und tobte wie ein Tier. Nicht mal einen Kuss auf die Wange hätte es zwischen ihnen gegeben. Nachher gab er zu, alles sei so gewesen, wie ich es mir gedacht hatte. Wenn man von der Frankfurter Allee zum Alexanderplatz einkaufen fährt, bleibt man vielleicht zwei, drei Stunden weg. Aber doch nicht neun oder zehn. In den acht Stunden war er also bei dieser Frau. Die hat über ein Jahr an ihm *gesägt*, um ihn zu sich heranzuholen. Ich mochte sie ja, war verzückt von ihrem clownesken Wesen. Sie wusste immer, wo ich bin. Wenn ich in Berlin war, hat sie hinter meinem Rücken in ihn hineingeredet: Sie liebe ihn, sie müsse ihn haben. Du glaubst nicht, was für ein *antikes* Drama sich in jenen Jahren 1983, '84 abgespielt hat. Da war er wie irre. Wir haben ihn hier mit den Leuten im Wald gesucht, haben gedacht, er hat sich erhängt. Die Nachbarn alle mit Autos und Laternen und Hupen und Schreien. Er hatte sich in einer Kiefernschonung versteckt. Ach, du glaubst es nicht: Das Mädel, das Mädel, schrie er, vertrag du dich mit dem Mädel, dann kann ich wieder gesund werden. Und ich habe gesagt: Das mache ich nicht, nein, das mache ich nicht.

Er hat auch gelitten.

Furchtbar! Er hat sich an mir festgeklammert: Geh nicht weg! Nicht weggehen, das schwarze Loch, das schwarze Loch! Er war so – das hat er auch mal gesagt –, dass er immer Leuten verfallen ist, die mit Energie auf ihn zugegangen sind. Er hat das als etwas Großes empfunden, weil er in gewisser Weise ein schüchterner Mensch war. Einmal in Budapest hatten wir eine junge Juristin als Betreuerin, die er eigentlich *zickig* fand. Bis zu dem Moment – wir saßen oberhalb des Donauknies in einer Gaststätte –, als sie zu ihm sagte: Ein Mann wie er könne ihr schon gefallen, wenn er noch zu haben wäre.

Du warst dabei?

Ich habe gesagt: Noch mal gibt es ihn nicht. Er ist einmalig. Aber er war von Stund an *bezirzt* von dieser Person, die er vorher nicht *verknusen* konnte. Manches war recht grotesk, was ich mit ihm erlebt habe.

Du hast dich Gedichten zugewandt, weil du anders nicht mehr aus noch ein wusstest?

Ich war so verstört, habe einen ganzen Gedichtzyklus geschrieben. Es gibt zwei Gedichtzyklen, die nicht veröffentlicht wurden.

Die ganz frühen wurden nicht veröffentlicht?

Diejenigen, die mit dieser Erschütterung zu tun haben. Es gibt außerdem noch unveröffentlichte Gedichte, die sich auf meine Kinderliebe beziehen, auf Hansi Deichmann. Aber das war eher eine Vorexistenz als Dichterin. Die ersten gültigen Gedichte sind um 1965 herum entstanden. Zum Beispiel das:

Kunsterspring

Wie waren die Wälder finster.
Und im Winter: Wie waren sie weiß.
An den Wegrändern blühte der Ginster.
Und die Sommer: Die Sommer warn heiß.
Die Tage warn blau von Lupinen.

Und morgens war die Welt neu.
Wir aßen die Sonne. Und tranken den Regen.
Und schwammen im Juni im Heu.
Und damals gab es Libellen.
Und man sah sie zum erstenmal.
Und der Großvater erzählte von Quellen
Hinterm Walde. In einem Tal.
Die hatten auch einen Namen.
Der hieß Kunsterspring. Kunsterspring ...
Und wie viele Jahre verkamen.
Und wieviel Leben verging.
Und der alte Mann ist hinunter.
Und ich weiß den Weg nicht mehr.
Doch ich suche den Spring noch immer.
Und mir ist, als ob ich ihn hör.

Oder das:

Schlehen

Nun hat der Holunder schon Dolden gesetzt.
Ich hab ihn nicht weiß werden sehen.
Der Flieder verbrannt, die Lilien verweint.
Mir blühten zu Jahr nur die Schlehen.
Die Schlehen, die armen, der Wegerainschaum.
Wie gleicht sich mein Leben mit ihnen:
Frühblüte, Wirrwuchs, nicht Pflaume noch Baum.
Erdacht wohl für Vögel und Bienen.

Das ist eines der ersten *gültigen* Gedichte. Da war ich 1965 in Mahlow in der Klinik, wo man mir die Mandeln rausgenommen hatte. Dort traf ich mit Georg Maurer zusammen. Er machte seine alljährliche Fastenkur, hat nur Saft getrunken und war wie euphorisiert davon. Wir sind zusammen spazieren gegangen an der Grenze zu Westberlin, durch die kargen Wälder, durch Staub und Gras und Kiefernkrüppel. Er hat mir große Vorträge über Schiller gehalten und über seine Reise nach China. Und ich habe dort ein Gedicht geschrieben:

102

Lupine

Lupinenblau – so war doch was
In meiner Kindheit. War es Glas?
Was war so blaß wie die Lupinen,
Die sich wie wild dem Licht zudrehn,
Wie blaue Flammen, die nicht brennen
Und doch so überschnell vergehn?
Glas war es, Steine, Glitzerkram,
Weiß nicht mehr, wie er an mich kam,
Weiß nur noch dieses bleiche Blau,
Die Sehnsuchtsfarbe. Morgentau
Im leichten Himmelslicht erstarrt,
Und ein Gefühl von solcher Art:
Glückstropfen, in der Faust zerpreßt,
Verloren. Doch es blieb ein Rest
Der Sehnsuchtsfarbe Lerchenblau.
Lupinen brennen unterm Tau.

Das war eines der frühen Gedichte, die ich Paul Wiens zur Veröffentlichung in der NDL gegeben habe. Sie sind 1965 entstanden, und die ersten sieben sind im Februar 1966 erschienen. Aber meine erste Lesung als Dichterin hatte ich 1965 in Tbilissi. Mit Erwin war ich in Suchumi. Dort habe ich Kopelew und seiner Frau am Strand Gedichte vorgetragen. Woraufhin Kopelew bestimmte: Eva tritt auch mit auf in Tbilissi, an der Universität, wo Erwin lesen sollte. Das war eine große Sache. Ich hatte in der DDR ja noch nie öffentlich gelesen und habe das auch später lange nicht gemacht.

Wie hat Erwin auf Kopelews Angebot reagiert? War er stolz auf dich oder eher eifersüchtig?

Er war total *perplex*. Er schreibt im Tagebuch, dass Kopelew es diktatorisch anordnete und er selbst nicht dachte, dass ich es machen würde. Er hatte den Verdacht, dass ich nur aufgetreten bin, um einem der Freunde aus dem Kopelew-Clan zu imponieren. Das war ein Chemiker, fünf Jahre älter als er, sah aus wie Nathan der Weise oder ein jüdischer Rabbi. Der hatte sich in mich verguckt und ich wohl auch in ihn. Erwin war rasend eifersüchtig, ich konnte keinen Schritt alleine gehen. Als ich zu lesen begann, habe ich noch etwas *gezittert*, doch ich wurde sicherer, und es war wunderbar. Erwin sagte dann, er hätte mich küssen können dafür, wie ich meine kindliche Schüchternheit überwunden und diese *wunderbaren* Gedichte vorgetragen habe.

Er hat ja selber Gedichte geschrieben.

Ja, und er hat mir damals gesagt, er hört jetzt auf damit, denn er würde nie an meine Gedichte herankommen.

Immerhin. Und bist du irgendwann mal auf die Idee gekommen, dich auf sein Terrain zu wagen und Romane zu verfassen?

Nein, bin ich nicht. Vor Jahrzehnten, noch ehe ich mit Gedichten begann, hatte ich mal die Idee, Kindergeschichten zu schreiben. Ich habe verschiedene Sachen angefangen und den Jungs vorgelesen, was ihnen sehr gefallen hat. Vor allen Dingen die Geschichte von Lumpatz und Lupko. Das waren ein Junge und ein Hund, diese Geschichte existiert sicher noch rudimentär in jenem Schrank im alten Haus, wo auch die Urschriften der Gedichte sind. Das habe ich mit Vergnügen gemacht, aber eigentlich hat es mich nicht wirklich bewegt ...

Du hättest für einen großen Roman wahrscheinlich auch keine Zeit gehabt?

Das war keine Zeitfrage, nein. Ich habe ja Erwins Fähigkeit bewundert, aus dem Lebensmaterial etwas so zu verdichten, dass eine andere Welt entsteht, eine andere Sichtweise, eine Gegenwelt zu der tatsächlich gelebten. Mich allerdings reizt zum Schreiben das tatsächliche Erleben. Meinen Gedanken und Gefühlen will ich Ausdruck geben. Das habe ich auch in »Mai in Piešťany« und in anderen Prosatexten gemacht. Ein Roman das war nicht mein Metier. Vielleicht, wenn ich es zäher probiert hätte. Aber es gibt immer nur den Beweis des Gemachthabens.

Kann man es so sagen: Das Romanschreiben wäre ein Vorsatz ge-wesen, aber das Dichten war ein Muss?

So ist es. Ich habe dir ja erzählt, wie es in dieser wirklich existenziellen Krise begann. Das Gedichteschreiben wurde dann zu einer Art Lebenssystem, einer Lebensform über Jahrzehnte. Und das war nur unter bestimmten Bedingungen möglich – dieses Verdichten, dieses Entäußern, so explosiv, so stark, wie das am Anfang war. Wenn man etwas zu sich heran- und aus sich herausholt, wenn sich aus einer Initialzündung Sätze formen, ein rhythmisches System, ein Reimsystem, ein System von Zeilenlängen und von Beziehungen der einzelnen Zeilen zueinander. Zum Beispiel kann man auf einfache Weise fast spiegelbildartig die Zeilen A, B und wieder A, B reimen. Oder man wählt eine Inversion, dass man zuerst eine Zeile hat und drei gegenläufige, bei denen die Endungen analog sind, und dass sich dann die fünfte Zeile wieder in Beziehung zur ersten befindet. Es gibt Gedichte, wo ich konsequent diese Konstruktion durchgehalten habe. Kurz gesagt, man hat die verschiedensten Systeme zur Verfügung, ein Gedicht aufzubauen, die Sprache zu wandeln, den Reim. Das ist ein Vergnügen, das ist eine Kunstfertigkeit, die sozusagen darunterliegen. Aber das, was das Gedicht ausdrückt, muss erst einmal ganz elementar, ganz stark sein. Die Empfindung muss unbedingt einen adäquaten Ausdruck finden. Einen unverkrampften, unverstellten Ausdruck. Wie sich das herstellt, ist eine spannende Sache und eine große Freude: eine Konstruktion zu beherrschen und zu realisieren.

Also immer mit ausgiebiger Arbeit am Text verbunden?

Muss nicht sein. Manchmal entstand ein Gedicht fast zwanglos, ohne große Anstrengungen und Bemühungen. Fast im Urzustand ist es hervorgesprungen. Zum Beispiel dieses:

Angst

Die Amsel macht mich traurig.
Die Kirschen wollen blühn.
Ich fürchte, du könntest mir sterben
Und alles würde doch grün.

Vielleicht ist es auch mein Tod,
Der mich schon traurig macht.
Die Amsel kann ich nicht fragen.
Wer hilft mir heute nacht?

Das Gedicht hat auch wieder mit einer *existenziellen* Bedrohungssituation zu tun. Erwin lag im Regierungskrankenhaus nach einer Herzattacke oder nach einer Nierengeschichte. Er wurde mit Morphium behandelt. Das hat ihn etwas *aufgeputscht* und gleichzeitig gedämpft. Jedenfalls fühlte er sich so, dass er sagte, ihm sei jetzt alles egal, man könne ihn ins Gefängnis werfen oder ihn zu Tode bringen, er könnte sterben, es wäre ihm gleichgültig. Eine Endzeitstimmung. Ich habe in ihn hineingeredet, dass das nur aus momentaner Schwäche rührt. Er hat dagegengehalten: Er fühle, da geht was zu Ende. Ich war bestürzt, geradezu angegriffen davon. Draußen bin ich beinahe unter ein Auto geraten. Ich musste in der Invalidenstraße auf die andere Straßenseite, weil ich mit der 46 Richtung Kupfergraben fahren wollte. Die Autos sollen ja stehen bleiben, wenn eine Straßenbahn hält. Aber mich hat ein Auto tatsächlich um ein Haar erfasst. Ich bin dann nicht nach Hause, sondern bis zu dem Punkt gefahren, der *Spitze* heißt, wo früher eine Tankstelle war in der Prenzlauer Promenade. Von dort aus bin ich zur Gudvanger Straße gelaufen, wo Hermann Kant und Vera Oelschlegel wohnten. Die Tankstelle hatte längst zu, aber davor war ein Garten. Die Kirschbäume blühten. Und eine Amsel hat laut gesungen im April. An diesem Gedicht habe ich fast nichts bearbeitet. Das ist fast *Original* geblieben. So was kam allerdings recht selten vor. In den meisten Fällen habe ich intensiv und lange an den Texten gefeilt. Habe sie mitunter so lange liegen lassen, bis sie wieder neu für mich waren, wie von jemand anderem gemacht. Dann habe ich sie mir wieder vorgenommen und Dinge gefunden, die ich ändern konnte: Kleinigkeiten, wo der Rhythmus nicht korrekt oder zu korrekt war. Es passierte auch, dass ich absichtsvoll etwas Irreguläres reingebracht habe, was in manchen Fällen besser war.

So lange bearbeitet, bis du ganz zufrieden warst?

Es kann bis zu einem Endpunkt gekommen sein. Ich habe mich entschlossen zu veröffentlichen. Und später, wenn das Gedicht gedruckt ist, sehe ich: Mein Gott, da hättest du unbedingt etwas machen können und müssen. Das waren ganz intensive Arbeitsvorgänge. Was den Drang zum Schreiben betrifft, war es schon so, dass ich unruhig wurde, wenn er sich längere Zeit nicht eingestellt hatte. Ich hatte dann das Gefühl von Nicht-Gelebthaben, von Nicht-Leben. Die Nerven *vibrierten*. Ich konnte mit mir selber nicht existieren, wenn ich nicht so ein Ventil fand in einem Gedicht. In einer Situation, als es so schlimm war, habe ich dieses Gedicht geschrieben:

Vor einem Winter

Ich mach ein Lied aus Stille
Und aus Septemberlicht.
Das Schweigen einer Grille
Geht ein in mein Gedicht.

Der See und die Libelle.
Das Vogelbeerenrot.
Die Arbeit einer Quelle.
Der Herbstgeruch von Brot.

Der Bäume Tod und Träne.
Der schwarze Rabenschrei.
Der Orgelflug der Schwäne.
Was es auch immer sei,

Das über uns die Räume
Aufreißt und riesig macht
Und fällt in unsre Träume
In einer finstren Nacht.

Ich mach ein Lied aus Stille.
Ich mach ein Lied aus Licht.
So geh ich in den Winter.
Und so vergeh ich nicht.

Da bin ich zu unserem See gegangen im September. In einer Kiefernschonung, oberhalb des Sees, habe ich gestanden und auf die Wasserfläche gesehen und so etwas wie ein Ansaugen des Gedichts aus dem Weltraum empfunden.

Ein Ansaugen?

Ja. Ich stelle mir vor, dass ich mich in einem Kosmos befinde und von daher etwas ansaugen, in mich hineinholen kann: ein Sprachbild, ein Gefühl, das gleichzeitig Sprache ist. Von dem Gedicht mit der Anfangszeile »Ich mach ein Lied aus Stille« sind in dem von Klaus Trende herausgegebenen Sammelband »Hundert Gedichte« drei Fassungen abgedruckt, aus denen man ersehen kann, wie entschieden daran gearbeitet, geändert wurde. Das zweite Mal, wo ich ein so starkes Gefühl hatte – aber das war öfter, da könnte ich manche Geschichte erzählen – war nach den Puschkin-Tagen der Poesie.

Bei einer solchen Reise haben wir ja sogar nebeneinander im Bus gesessen.

Du weißt, man fährt stationsweise von Leningrad nach Moskau. Und der Höhepunkt ist, wenn sich auf dem ehemaligen Landgut der Familie Puschkin in Michailowskoje Tausende Freunde der Poesie treffen, um Dichtern zuzuhören. Ich habe diese Reise dreimal mitgemacht – 1968, 1972, 1974. Da war ich sowieso immer in Hochspannung, von Begeisterung ganz *aufgerissen*. Puschkin war von Anfang an für mich eine absolute Größe. Und diesmal hat mich einer der mitfahrenden Autoren angesprochen: »You touched my heart«. Er hatte Gedichte von mir gelesen, die in russischen Literaturzeitschriften abgedruckt waren. »You touched my heart« – das hat mich überrascht und bewegt, diese Empfindung von Einverständnis. Wir sprachen englisch. Er brachte mir die stärksten Gefühle entgegen. Dann kam ich nach Hause, und es stürzte wieder alles auf mich ein.

Du warst in einer anderen Welt gewesen, und sie verstanden das nicht. Du sahst dich in der Pflicht der Familie gegenüber und wundertest dich, wie dir in kurzer Zeit dein bisheriger Alltag so fremd werden konnte.

Das ist immer so: Der nach Hause kommt, lebt noch weiter in seiner inneren Welt, ist wie in einem Kokon, auf den die anderen trommeln mit Anforderungen und Zwistigkeiten. Das war ähnlich, als Erwin 1992 seine letzte große Lesereise gemacht hat. In dieser Zeit haben wir hier die Heizung umgestellt auf Öl, haben *geschindert* und saubergemacht, damit alles fertig ist, wenn er erscheint. Und wir haben es geschafft. Aber er war so erfüllt von seiner Reise, wie ihm die Leute entgegengekommen sind, und hat unsere Leistung überhaupt nicht gesehen, geschweige denn gewürdigt. Wie schrecklich das für ihn ist, überhaupt kein Verständnis zu finden, notiert er in seinem Tagebuch. Er kommt nach Hause und wird mit lauter Lappalien konfrontiert.

Was bei einer Frau allerdings wohl noch fordernder geschieht?

Ich war bei meiner Rückkehr von dieser Puschkin-Reise so in Hochspannung, dass es mir richtig zuwider war, wie ich eingespannt worden bin auf die alte Weise. Das war ein solcher Gegensatz zur Wirklichkeit, aus der ich gerade gekommen war. Dabei wusste ich, diesen Kokon musste ich sprengen. Ich muss rauskommen aus dieser Zerrissenheit, und das kann ich nur mit einem Gedicht. Da bin ich wiederum am Friedhof vorbei in Richtung See gewandert, in den Wald hinein. Und schon an der Ecke, eigentlich schon am Weg hinterm Friedhof, ging mir diese Zeile durch den Kopf: »Touch my heart, o sprich mit mir«. Von dieser englischen Floskel habe ich mich dann verabschiedet. Das ist Nonsens, sagte ich mir, wenn Leute, die nicht Englisch sprechen, über diese so wesentlichen Worte hinweglesen. Es muss deutsch geschrieben sein: »Rühr mein Herz, o sprich mit mir«. So entstand dieses Gedicht, das in jeder Zeile zwei analoge Reime hat. Das führt zu einer Monotonie, wie sie auch Volksliedern manchmal eigen ist.

Zwiegespräch

Rühr mich an, Gras, sprich mit mir,
Graues Gras des falben Sandes.
Waldgras, Raingras, sprich zu mir
Ohne Worte des Verstandes.

Zungenloses, sprich mit mir.
Augenloses, sieh mich gehen.
So gewiß kam ich zu dir:
Du wirst mit mir einverstehen.

Rühr mein Herz, o sprich mit mir.
Es verlangt mich so nach Rührung.
Karges Gras, sprich karg zu mir.
Ohne Worte der Verführung.

»Armes Kind«, so sprich mit mir,
»Kennst du mich noch? Was soll werden?
Besser bleibst du jetzt bei mir,
Denn hier kannst du wieder werden

Wie du warst.« So sprich mit mir.
Ja, ich hab es einst besessen.
Was es war, Gras, sag es mir.
Gras, ich habe es vergessen.

Ich bin erst nach Hause zurückgekehrt, als das Gedicht in Gedanken konstruiert war.

Ein Trostgedicht, das dich befreite?

Es ist aus dem Gefühl heraus entstanden: Ich muss etwas tun, ich muss eine Schale sprengen. Ich kann mich nur befreien durch Sprache, nur durch Worte kann ich mich befreien. Nur so kann ich mich ins Gleichgewicht bringen, dieses Gefühl von Unglücklichsein, von Spannung abwerfen: durch das Spiel der Worte.

Weil die Anstrengung der Formgebung den Schmerz dämpft? Wobei der Zauber verflogen wäre, wenn das Gras wirklich sprechen könnte. Verstehst du, was ich meine? Die Kraft des Gedichts rührt doch daher, wie seine Sprache die Sprachlosigkeit behält.

Mit dem Leiden an Sprachlosigkeit beginnt es, mit dem Bestreben, etwas ins Gleichgewicht zu bringen, indem sich Empfundenes in Worten verwurzelt. Aber dann bleibt es ein großes Geheimnis, wie das Schweigen in das Gedicht eindringt. Darüber habe ich oft nachgedacht: Es muss leere Stellen geben in diesem Organismus, nur so bekommt er Tiefe. Das ist ein großes Geheimnis, etwas, das theoretisch nicht lehrbar ist, nur erfahren werden kann durch das, was man macht. Da gibt es ganz schlichte Gedichte wie »Angst«: »Die Amsel macht mich traurig ...« – das hat die Simplizität des Volksliedes. Andere sind komplizierter, anspruchsvoller gemacht, an ganz andere sphärische Bezirke rührend. Ich sage immer: Ich bin so simpel wie Brot. Von Anfang an hat mir alles Hohe widerstanden. Jeder Anspruch auf Pathos. Das war keine literarische Marotte, ich kann den psalmodierenden Stil mancher Dichter nicht leiden. Die simplen Dinge können eine eigene Ausstrahlung bekommen, eine kosmische Dimension. Aber eigentlich habe ich im Alltag gelebt. Demgemäß meine Sprache.

Wenn du ein Gedicht bearbeitest, sagst du es dabei immer wieder vor dich hin?

Ein Gedicht ist ein im Raum befindlicher Klang. Ich spreche es lautlos, um es zu befestigen. Dieses Befestigen ist ungemein wichtig, damit die Struktur nicht verschwimmt, der Rhythmus, die Zeilenlängen.

Das heißt, du musstest dir bei solchen Spaziergängen ziemlich viel merken?

Manchmal geschah es auch, dass ein Gedicht in mir zusammengefallen ist. Ich hatte es nicht notiert. Worüber ich sehr verzweifelt war. Ich habe darüber sogar geschrieben:

Verlust II

Gab es nicht noch ein andres Gedicht
In meinem Gedächtnis. Wo ist es geblieben?
So fördert es niemand mehr niemals ans Licht?
Ich hatte es noch nicht in Zeichen geschrieben,

Nur Worte tonlos zu Türmen gebaut
Und lautlose Zeilensäulen zu Bögen
Verstrebt und den Zeiten vertraut,
Daß sie die Schemen ins Sichtbare zögen.

Nun sind die lautlosen Säulen zerbrochen.
Die tonlosen Türme zerscherbten zu nichts.
Nichts ist geschehn. Ich hab nicht gesprochen.
Das schmerzt mich so wie Verlust des Lichts.

Das geschah, wenn ich drei, vier Gedichte im Gedächtnis bewahren wollte und sie nicht gleich aufgeschrieben habe. Das erste, das zweite, das dritte, das vierte, und mit einem Mal war das dritte verschwunden. Ein Gedicht hängt am Rhythmus. Wenn der verloren geht, ist auch das Gedicht verloren. Man kann es nicht in eine andere rhythmische Struktur bringen.

Aber du musstest die Gedichte vor dem Aufschreiben erst in deinem Kopf bewegen?

Auch wenn es, wie gesagt, riskant war. Eine Zeit lang hatte ich immer ein Diktiergerät in der Tasche und außerdem eines dieser kleinen Schreibhefte, in die ich etwas eintragen konnte, so wie es Erwin mit seinen Tagebüchern tat. Es gibt eine ganze Reihe solcher Hefte bei mir im Archiv, wo wichtige Gedichte in Urschrift zu finden sind. Manche in ganz frühen Formen. Die Verwandlungen, die sie dann erfahren, überraschen mich immer wieder.

Du hast schon mehrmals in unseren Gesprächen Gedichte zitiert. Erstaunlich, wie viele du auswendig kennst.

Nicht alles. Unwillkürlich gerate ich hinein in ein Gedicht, ziehe vielleicht nur eine Zeile aus meinem Gehirnspeicher. Doch dann finde ich nicht Ruhe, bis ich das ganze Gedicht hochgeholt habe.

Und es gibt tatsächlich noch viel Unveröffentlichtes bei dir?

Es kommt noch ein ganzer Band zusammen mit Texten aus den Sechzigern, aus den Siebzigern, bis in die späten Jahre hinein.

Warum hast du diese Texte nicht gleich mit in deine Bände aufgenommen?

Aus den verschiedensten Gründen, wie man sich denken kann. Manchmal erschien es mir zu der Zeit politisch nicht passend oder persönlich, wie zum Beispiel »Die geheimen Gedichte« im Band »Liebe und Haß«. Das waren ja wirklich Texte, die Erwin nicht kannte und nicht kennen sollte. Erst nach seinem Tod habe ich sie veröffentlicht. In der Zeit, als ich daran arbeitete, *mäkelte* er in seinem Tagebuch ständig an mir herum. Und er hat es mir auch direkt gesagt, dass er unglücklich ist, weil ich nicht schreibe: Was macht sie bloß, was ist bloß mit ihr los, was soll aus ihr mal werden?

Dabei hast du gearbeitet?

Aber meine Emotionen waren so, dass ich ihm die Gedichte nicht zumuten konnte. Es wäre *tödlich* für ihn gewesen.

Deine ersten Gedichte hast du ihm ja auch nicht gleich gezeigt und erst mal heimlich geschrieben?

Natürlich.

Und wie war es, als er das erste Mal erfuhr, dass du schreibst?

Dass ich das tat, wusste er schon längere Zeit. Unter dem Druck der Ereignisse damals, 1961, habe ich ihm ein paar Gedichte geschickt. Dazu lässt sich in seinem Tagebuch lesen: Er wisse nicht, ob die von mir sind, das müsse er erst herauskriegen. Als er nach Hause kam, hat er es erfahren. Umso mehr war er beeindruckt. Aber es war doch noch etwas *Heimliches* dabei. Wir sind ja fast jede Woche einmal zu Alfred Wellm gefahren. Erst haben wir zusammen eingekauft, dann gegessen, und danach gab es den Brauch, reihum zu lesen. Bei dieser Gelegenheit habe ich manchmal gesagt: Ich habe wieder Gedichte geschrieben.

Hat er die Texte, die du zur Veröffentlichung an die NDL geschickt hast, vorher gekannt?

Aber ja. Er kannte die Gedichte, die ich eingereicht habe. Ich hatte zwanzig Gedichte aus den frühen Jahren an Paul Wiens gegeben, davon hat er sieben genommen. Grundsätzlich habe ich nichts veröffentlicht, ohne es ihm zu zeigen. Er hat jede Gedichtsammlung von mir bewilligt oder verworfen. Einzelnes hat er gehasst, zum Beispiel das lange Gedicht auf García Lorca, in dem es auch um die Ambivalenz des Geschlechtlichen geht, »Das zweigeschlechtliche Blut«. Das war ihm ekelhaft.

Und wenn er etwas nicht mochte, konntest du es auch nicht veröffentlichen?

Das Gedicht »García Lorca« ist veröffentlicht und andere auch, gegen die er Vorbehalte hatte. Aber wenn Texte mit unserer persönlichen Beziehung zu tun hatten, war es etwas anderes. Da sagte ich mir mitunter selber: Lieber nicht. Beim ersten Buch habe ich sozusagen einen Ausgleich geschaffen durch das Gedicht »Widmung«, das der Sammlung vorangestellt ist. Darin danke ich ihm, dass er mich, wie ich bin, ertragen hat. Dann gibt es noch ein Gedicht, das er absolut gehasst hat und das ich wirklich erst in »Liebe und Haß« im Jahre 2000 veröffentlicht habe. Es heißt »Nisami!« und bezieht sich auf den persischen Dichter, der für mich eine *Entdeckung* war.

Nisami!

Man hat mir eine Sklavenseele eingebaut
Von Kindheit an: des Weibes Seele.
Die gibt in mir noch immer Laut
Und flüstert mir, was ich verfehle,
An Pflichterfüllung schuldig bleibe.
Kein Alibi gilt, daß ich schreibe.
»Aber das Haus ist nicht gefegt!«
Und wenn ein Dichter mich bewegt
Und ich ihm folge selbstvergessen,
Schreckt mein Gewissen mich: kein Essen
Gekocht! Ich überstürze
Mich in die Küche und erfinde,
Vermittels flammender Gewürze,
Speisen, an denen selbst der Blinde
Erkennt, daß er im Orient ist.
So geht's, wenn man Nisami liest
Und auf Basaren persisch handelt …
Hat man sich dann zurückverwandelt
Ins·angestammte Weibsgeschlecht
(In einer Rolle Koch, Magd, Knecht)
Reuig, als ein geheimer Sünder,
Verbrühn als Folge sich die Münder
Mann, Söhne und die Küchengäste,
Und das Gewissen hat *Maläste*,

Weil es das nicht entwirren kann:
Bei Leibe Weib, im Geiste Mann,
Der gehn will, ohne Rechenschaft
Von seinen Handlungen zu geben.
(Ich sammle grade alle Kraft,
Die Sklavin in mir totzuleben.)

Klar, dass ihm das nicht gefiel. Es war nicht nur Vorwurf gegen ihn, sondern Rebellion, die ihm Angst machen musste.

Aber es kam doch auch aus der Beschäftigung mit Nisami, seinen Gedichten, die so voller Liebe und Leidenschaft stecken. Es heißt, dies sei auf Gott bezogen. Aber das ist von solcher Bildkraft, die Sprache ist unglaublich stark. Für Goethe ist ja auch der persische Dichter Hafiz prägend gewesen. »Unmöglich scheint immer die Rose, unbegreiflich die Nachtigall« – dieses Motto aus Goethes »West-östlichem Diwan« habe ich meinem Band »Die eine Rose überwältigt alles« vorangestellt. Wenn Erwin auch bestimmte Dinge nicht leiden konnte, ist es dennoch vorgekommen, dass er später etwas lobte, was er zunächst spontan abgelehnt hat. Er hat dann Stein und Bein geschworen, dieses Gedicht noch nie gesehen zu haben. Es sei wunderbar, großartig. So war es bei dem Gedicht »Vorfrühling im Vorwerk«. Er wisse nicht, was das soll, hat er zunächst gesagt. Ich habe es noch vor Augen: Er saß hinter seinem großen Schreibtisch, und ich hatte die Dummheit begangen, ihm einige Gedichte zu geben, weil ich eine Sammlung fertig haben wollte. Da hat er sich so abfällig geäußert. Ebenso wie Hermann Kant zu meinem am meisten gedruckten Gedicht »Interruptio« gesagt hat: Über so was schreibt man nicht. Aber die Sachen, die von Erwin abgelehnt wurden, habe ich dann manchmal in den nächsten Band geschmuggelt.

Kam es auch vor, dass du ein Gedicht, das dir nicht gefiel, zerrissen oder verbrannt hast?

Ich habe alles aufgehoben. Darunter sind noch viele Texte, an die ich gar keine Erinnerung habe. Einige ganz alte Mappen mit unveröffentlichten Gedichtzyklen und Fetzen. Es gibt auch misslungene Gedichte, solche, die ich nie veröffentlichen werde. Aber zerreißen, verbrennen – warum?

Du hast gesagt, wenn man weiß, was es für großartige Dichter auf der Welt gibt, dass es dann umso schwerer ist, dem noch etwas hinzufügen zu wollen. Wie hast du diese Hemmung überwunden?

Ich bin durch so viele Verzweiflungen gegangen, da ist diese Frage ganz gleichgültig geworden.

Und du hast dich in deinem Schreiben auch nicht mehr beeinflussen lassen?

Nein. Ich habe mich aus allem herausgehalten, bin nie zu einer Veranstaltung von Lyrikern der DDR gegangen. Man hat mir angetragen, ich solle das *Aktiv Lyrik* im Verband leiten. Ich habe geantwortet: Das kommt nicht infrage. Ich wusste ja auch, dass ich viele Feinde hatte. Ich wusste, was für eine Stimmung gegen mich existiert und gegen meine gereimten Gedichte, die als *altmodisch* galten. Manch einer hat sich lustig gemacht über mich. Dem habe ich mich nie ausgesetzt, habe mit niemandem über meine Gedichte *diskutiert*. Ich habe sozusagen den lieben Gott einen guten Mann sein lassen, habe mir gesagt: Ich will es so, ich mache es so, und damit hat es sich. Wer anderes möchte, kann anderes machen. Ich habe mir meine eigenen *Säulenheiligen* gesucht aus der Literatur. Da gab es viele, die mir nahegestanden haben, mit denen ich mich befreunden konnte. Und das hat sich als *richtig* erwiesen.

Hast du für Momente vielleicht doch mal die Überlegung gehabt, eine andere Form zu wählen?

Es gibt von mir ein langes Gedicht in freien Versen, also ohne Reim. Es ist vielleicht gar nicht mal *schlecht*. Aber das war mir …

Nicht das Eigene?

Es hatte nicht den *Klang*, es war nicht meine Form. So habe ich es empfunden und den freien Vers für mich fortan als Nebenweg angesehen, den ich selber blockiert habe. Als ob es eine Baustelle ist und du legst einen Baum quer rüber: Gesperrt.

Du hast einmal geäußert, dass die Suggestivität eines Gedichtes im Wesentlichen vom Reim abhängt. Wie erklärst du dir da, dass so viele Dichter dennoch auf den Reim verzichten?

Das kann ich dir nicht sagen. Erstens war es von einer bestimmten Zeit an in Mode, und für manche passt es sicher auch. Es gibt Dichter, die sich wirklich in dieser Form vermitteln können. Ihre Texte sind auch ohne Reim ergreifend und überzeugend. Aber für mich traf das nicht zu. Noch stärker vielleicht als der Reim wirkt der Rhythmus, die Zeilenkonstruktion. Andreas Reimann, den ich, wie gesagt, sehr bewundere, hat sich auch wieder dem Reim zugewandt. Dabei könnte man sagen, dass er das gar nicht braucht, weil seine Bildgewalt so stark ist, die Konstruktion der Zeilen. Das ganze Beziehungssystem ist so großartig durchgehalten, das ginge auch ohne Reim. Aber er nutzt den Reim und hat eine große Souveränität, ihn zu verwenden. Eine Ermessensfrage. Es gibt auch eine sparsame Verwendung von Reimen. Solche Inversionen liebe ich, wenn man manchmal am Ende ein Wort hat, dessen Klang in der nächsten oder übernächsten Zeile aufgegriffen wird. Oder man schafft einen Binnenreim. Der gibt einem Gedicht manchmal einen wunderbaren Zusammenhalt. Also, es bleibt ein großes Geheimnis: der Unterschied zwischen wirklicher Dichtung, die einen absorbiert, und der platten Reimerei von so vielen Leuten, die einem Gedichte schicken. Das kann man denen nicht erklären.

Als dein erster Gedichtband »Ich mach ein Lied aus Stille« 1973 erschienen war, hattest du ein Gefühl von Triumph oder eher von Beklommenheit, weil du nicht sicher warst, wie das aufgenommen wird? Oder hat dich das Echo überhaupt nicht gekümmert?

Das hat mich schon gekümmert. Ich wollte an einem bestimmten Punkt sehr gerne, dass mein Buch erscheint, und ich habe mich bei verschiedenen Verlagen darum bemüht.

Du musstest anklopfen?

Nun, ich kannte ja die Leute. Günther Deicke vom Buchverlag Der Morgen hat mich aufgefordert, ihm doch Gedichte zu geben. Bei Aufbau war ich bekannt durch Erwin und bei Neues Leben auch. An den Hinstorff Verlag habe ich mich gewandt … Bis zur Veröffentlichung hat es dann zwei Jahre gedauert. Aufbau hat den Band 1971 angenommen, 1973 ist er erschienen. Da war ich doch etwas ungeduldig. Und Deicke hat sich überhaupt nicht gemeldet, nachdem ich ihm die Texte geschickt hatte. Ich habe hinter ihm her telefoniert, und er hat mir sagen lassen, vorläufig sei an eine Publikation nicht zu denken. Dieses Jahr sei schon alles ausgebucht, und im nächsten käme nur ein Gedichtband – seiner. Daraufhin habe ich verlangt, dass er mir das Manuskript zurückgibt. Da war er etwas *pikiert*. Ich hatte zwei Sammlungen gemacht. Eine umfasste hundertfünfzig Gedichte und die andere fünfundsiebzig. Günter Caspar hatte die größere. Aber er hat sich so *mäkelig* geäußert, dass Erwin verrückt geworden ist und gesagt hat: Her mit den Gedichten, zurück! Und zu mir: Du wirst deine Gedichte doch nicht so unter Wert verkaufen. Solche Gespräche mit Verlagsleuten liefen immer darauf hinaus: Mach doch mal etwas anderes, schreib doch mal Prosa. Jedenfalls hat mir Caspar irgendwann nahegelegt, dass er die zweite Sammlung auch sehen wolle und wir noch reden sollten. Ich habe mich also, ohne Erwins Wissen, mit Caspar in Berlin verabredet. Und er hat dann gesagt: Na wollen wir doch mal versuchen, ob wir nicht aus beiden Sammlungen eine machen können. Ich gab ihm die Freiheit, aus den beiden Bänden auszuwählen. Machte aber deutlich, dass ich keine Silbe ändern werde am Manuskript.

Hermann Kant hat dann ein sehr freundliches Nachwort geschrieben.

Ja, aber Erwin hatte zunächst Probleme damit. Er war schon zornig gewesen, dass ich Günter Caspar doch meine Gedichte gegeben habe: Der ist sie nicht wert, so wie er sich benommen hat dir gegenüber. Und was Hermann betraf, so hatte Erwin auf Bitten von Vera Oelschlegel, die ihre erste Langspielplatte machen wollte, für sie einen Text geschrieben über ihre Qualitäten als Sängerin. Dann wandte sich der Verlag an Kant, etwas zu meinen Gedichten zu schreiben. Für Erwin sah das aus, als habe sich Hermann nur revanchiert.

So war es aber nicht?

Es bestand keinerlei Zusammenhang. Aber wie Erwin nun mal ist ...

Hermann Kant hat mir gesagt, dass er von deinen Gedichten absolut begeistert war.

Weiß ich ja. Stephan Hermlin auch. Im Verlag wollten sie zunächst eine Auflage von dreitausend Exemplaren machen. Dann hieß es, das sei zu viel, Lyrik verkaufe sich nicht ...

Kommt mir aus heutiger Sicht ziemlich bekannt vor ...

Aber du musst bedenken, dass eine Auflage von dreitausend für die DDR winzig war. Jedenfalls hieß es dann: zweitausend und nicht mehr. Zur Messe in Leipzig sollten wir beide lesen. Danach fuhr Erwin nach Hause, und ich blieb noch ein paar Tage in Berlin. In der Wohnung klingelt das Telefon, Erwin ist dran und verkündet mir, Caspar hätte ihm mitgeteilt, die Auflage der Gedichte sei auf fünftausend erhöht worden wegen großer Nachfrage. Ich dachte erst, er nimmt mich *auf den Arm*.

Eine Kraft dieses Gedichtbandes lag allein schon im Ich-Sagen. Ich erinnere mich noch, wie ich Mitte der siebziger Jahre mit meinem Abteilungsleiter im ND streiten musste, weil er eine Rezension in der Ich-Form unangemessen fand. Er: Wer im ND pu-

bliziert, gibt eine Stellungnahme der Zeitung ab. Ich: Zu einem Buch kann es immer nur eine persönliche Meinung geben. Welche Probleme es mit dem Wörtchen Ich gab, kann man sich heute kaum mehr vorstellen.

Eine Provokation war schon der Titel des Bandes: »Ich mach ein Lied aus Stille«. Dabei war das gar nicht so gedacht. Von Triumph kann nicht die Rede sein, als das Buch herauskam. Die Erhöhung der Auflage auf fünftausend war mir nicht mal recht. Weil ich solche *Manschetten* hatte, dass ich an einer Buchhandlung vorbeigehe und meine Bücher wie *Wackersteine* herumliegen sehe.

So ist es dann aber nicht gekommen.

Das war das Allerletzte, was ich wollte. Und dass es ganz anders kam, war natürlich ein großes Glück.

Hat es öffentliche Auseinandersetzungen um deine Gedichte gegeben?

Weiß ich nicht. Ich hörte nur immer, dass sich irgendwer lustig machte darüber. Das ging über Jahre so.

Ich überlege, ob der Reim vielleicht sogar durch das politische Gedicht diskreditiert war, durch Erich Weinert zum Beispiel, den einfachen agitatorischen Duktus. Zu uns kam mal ein Mann in die Redaktion, den habe ich schwer beleidigt. Er hatte Gedichte mitgebracht, politische Gedichte. Und ich sagte zu ihm: Sie schreiben ja wie Erich Weinert. Worauf er strahlte. Doch ich musste hinzufügen: Aber so kann man heute nicht mehr schreiben. Das hat er gar nicht verstanden.

Sicher doch. Erich Weinert war übrigens der erste Dichter, den ich habe auftreten sehen. Es war in Neuruppin, als ich noch zur Schule ging, und er, in elegantem hellgrauem Maßanzug, mit silbernen Haaren, hat da seine unflätigen Gedichte auf Hitler vorgelesen. Das muss 1947 oder 1948 gewesen sein.

Aber wie erklärt man einem Menschen, dass man heute nicht mehr wie Erich Weinert schreiben kann?

Du, ich weiß nicht, ob man heute nicht wie Weinert schreiben kann. Zu so was würde ich mich überhaupt nicht äußern. Das hat auch mit dem politischen Gegenstand zu tun. Wenn man solche agitatorischen Sachen schreiben will, muss man es machen. Ob es gedruckt wird, hat damit erst einmal nichts zu tun.

Aber wie Puschkin kann man schreiben?

Klar, wenn man kann.

Gibt es eine Besonderheit weiblichen Dichtens?

Ach Gott, ja, nehme ich doch an, weil es absolut zur Persönlichkeit gehört. Obwohl ich jahrelang behauptet oder gefordert habe von mir selbst: Ich will ein *Dichter* sein. Hart und stark, eher rau. Es sollte nicht feminin sein. Inzwischen hat sich meine Meinung etwas geändert. Ich bin nicht mehr so vorsätzlich, nehme alles auf, was mir nahe tritt.

Kann es sein, dass Dichterinnen, wenn ich etwa an Gertrud Kolmar denke oder an Else Lasker-Schüler, sich entschiedener persönlich offenbaren und dass sie auch dadurch berühmt werden, weil sie das so offen tun, weil sie bis zum Tabubruch etwas ausdrücken, was andere Frauen in sich verschließen?

Natürlich, ich habe doch das Osttabu gebrochen, das kann man sagen. Ob das mit »Interruptio« war oder mit anderen Texten. »Woraus der Wandel sich immer ergibt, ich habe mit meinem Leibe geliebt«, so habe ich geschrieben. Oder ein anders kurzes Gedicht:

Kalt

Manchmal bleiben uns nur unsre Leiber,
Um uns zu helfen, uns zu entkommen.
Der Geist ist ein elender Elendaustreiber.
Er hat uns all unsern Glauben genommen.
Nur auf der Brücke im Fleisch ist noch Halt:
Wärme mich. Meine Seele ist kalt.

Das Weibliche: Man kann es nicht abschütteln, das heißt aber nicht, dass man weichlich sein muss.

Man muss sogar ziemlich kräftig sein, um sich so auszudrücken, allen Hemmungen zum Trotz. Musstest du dich immer wieder dazu überreden, so was zu schreiben und zu veröffentlichen?

Nein. Das war nur eine Sache der Sprachfähigkeit. Der Selbstprüfung: Inwiefern kann ich in Worte übertragen, was in mir vorgeht? Wie weit reicht meine Fähigkeit, eine Bildsprache zu finden oder zu schaffen, die dem entspricht, was ich denke und fühle und sehe. Bei meinen ersten Versuchen war ich nicht sicher, ob das, was ich formulieren kann, *wesentlich*, ob es überhaupt mitteilenswert ist.

Eine Sache der Erfahrung?

Auch in dem Sinne, dass man Dinge jahrelang beobachtet, und irgendwann, vielleicht nach zehn Jahren, begreift man: Mein Gott, das ist ja so und so und kann so und so ausgedrückt werden. Zum Beispiel diese Varianten von Gelb, die die Birkenblätter annehmen im Prozess des Welkens. Dafür Sprache zu finden. Es ist schon eine faszinierende Sache. Ein Bild hat sich mir eingeprägt: Hinten an unserer Wiese ist eine riesige Kiefer, unter der ich oft gestanden und Bilder *angesogen* habe. Daneben eine ebenso große Birke. So nah, dass, wenn ihre Blätter gilben und fallen, die Kiefer mit Goldlaub bestreut ist. Sieht aus, als ob die Kiefer diese gelben und goldenen Blätter hat. Das fand dann Eingang in ein Gedicht, das ich einem amerikanischen Dichter gewidmet habe, von dem in der Weißen Reihe des Verlags Volk und Welt eine zweisprachige Ausgabe erschien und der mich fasziniert hat:

November IV
Entdeckung des Dichters Wallace Stevens

Was will ich jetzt noch? Leicht atmen.
Frei sein. Allein durch den Nebel gehn.
Und Worte eines Dichters bewegen,
Die in mir auferstehn
Berstend als freudige Flamme.
Knisternde Worte im Dauerbrand,
Vorzeiten im Fernen gefunden
Und heut von mir erkannt …
Die sprechende Seele der Dinge:
Eine Hemlocktanne, ein Pfauenschrei,
Die singende Vogelschwinge …
Der Grauganszug zischt vorbei
Über mir im Nebel die Vögel
Eine Wirklichkeit wie das wirkliche Wort.
Die Kiefer, benachbart der Birke,
Bestreut mit Goldlaub. Der Dichtung beständiger Ort
Ist, wo ich geh. Ich trage
In mir die Orte der Welt:
Die Nebelränder der Tage
Von leuchtenden Worten erhellt.

»Ich trage in mir die Orte der Welt« – der Ort des Dichters ist eine Sache, die mich über Jahrzehnte beschäftigt hat. Wo ist dieser Ort? In der Bewegung, in der Verwandlung. So hat es mich immer wieder erfreut und befriedigt, wenn mir gelungen ist, etwas in Sprache zu übertragen, was ich seit langem beobachtet habe.

IV

»Eine Lebenssteigerung kam über mich,
Gegenreaktion auf Gespräche, in die ich ver-
wickelt war, auf Leute, die Anspruch machten
an mich mit ihren in den üblichen Geleisen
fahrenden Gedanken und Reden … Gegen Ver-
gängnis, gegen das Fallenlassen in konturlose
Zeit habe ich Gedichte aufgerichtet. Wider das
Immaterielle wie eine Befestigung, eine Wand, ein
Halt …«
(»Mai in Piešťany«, 1986)

Du hättest gern in der Stadt gewohnt. Aber wärst du dort zu der Dichterin geworden, die du bist?

Immer wieder habe ich den Druck verwünscht, unter dem ich gestanden habe. Ich wollte frei sein, reisen, leben in Leichtigkeit. Doch in Wirklichkeit verdanke ich dieser Existenzform und diesem Druck die wesentlichen Gedichte, ja wohl überhaupt die Tatsache, dass es wesentliche Gedichte sind. Das hat erst mal nichts mit Stadt oder Land zu tun, sondern mit den Lebensumständen, an denen ich mich gerieben habe. Was ich vor Erwin verschweigen musste. Sonst hätte er getobt oder er wäre in Verzweiflung verfallen.

In deinen Gedichten sind immer die Bestrebung und auch die Kraft, hinaus zu wollen, ins Freie. Aber wenn du das in Gänze hättest verwirklichen können, wäre das deinen Gedichten möglicherweise gar nicht gut bekommen?

Das sehe ich heute auch so. Die Spannung, unter der ich stehen musste, ist das, was viele von sich selber kennen.

Eine Spannung, die nicht nur aus deinen häuslichen Pflichten kam, sondern auch aus der Zusammenarbeit mit Erwin erwuchs?

Seit wir uns kannten, bin ich eingespannt gewesen in Erwins Werk. Tagelang habe ich zum Beispiel über »Ole Bienkopp« gesessen, jede einzelne Szene analysiert – Personen, Handlung – und dabei festgestellt, wo es Dopplungen gab und dass Personen über siebzig Seiten verschwunden waren. Erwin hat ja auf gut Glück geschrieben. Er hat nicht etwa den ersten Teil vom »Wundertäter« noch mal gelesen, als er am zweiten arbeitete. Also habe ich mich drangemacht, die Personen für ihn aufgelistet, wie alt sie sind usw. Beim dritten Band wurde das ganz verrückt. Da hat er völlig neu angesetzt, weil er so von den alten englischen Erzählern beeindruckt war und auch von der Goethe'schen Schreibweise in »Wilhelm Meister« … Jedenfalls ist es die ganze Zeit ein gemeinsames Arbeiten gewesen.

Hast du auch selbst davon profitiert?

Natürlich. Vor allem seine präzise Art, Natur zu sehen und zu beschreiben, hat mir viel vermittelt. Poesie ist doch das Gegenteil von dem, was man gewöhnlich dafür hält. Es geht nicht um poetisch gehobene Sprache, Genauigkeit ist das Entscheidende. Die Genauigkeit der Anschauung. Ich habe durch die Zusammenarbeit mit ihm verstanden, dass es für alles einen sinnfälligen Ausdruck gibt. Der darf niemals angestrengt wirken.

Du und Erwin wart euch ähnlich darin, dass ihr beide Natur sehr wach aufgenommen habt.

Aber nicht miteinander, sondern jeder für sich.

Dabei wäre es doch eine schöne Vorstellung, wie ihr zusammen spazieren geht und eure Eindrücke austauscht? Die wird auch von manchen Publikationen genährt, in denen Zitate von euch beiden so miteinander kombiniert sind, dass der Eindruck eines Zwiegesprächs entsteht.

Mag sein, aber wir sind hier in Schulzenhof meist getrennt unterwegs gewesen. Nur in Piešťany war das nicht so.

Über diesen Kurort in der Slowakei haben sowohl du als auch Erwin geschrieben.

Piešťany war das Wunder unseres Lebens. Erwin war dreizehn Mal da, ich zwölf Mal mit ihm. Ich habe das als etwas Außerordentliches erlebt, dieses Freisein vom Alltag, dass wir das alles hinter uns lassen und in das Leben dieser Kleinstadt eintauchen konnten. Die abendlichen Spaziergänge – *eingeärmelt* sind wir gegangen. Wenn er ganz glücklich und freudig in sich war, hat er mich untergefasst.

Und ihr wart dort auch mal richtig zusammengesperrt in einem Zimmer.

Wir haben in einem Zimmer geschlafen, was wir sonst nie gemacht haben. Wir haben uns nämlich gegenseitig gestört. Ich bin zeitig eingeschlafen, und er hat noch lange gelesen, hat dann geraschelt beim Umblättern. Da bin ich wach geworden und konnte nicht wieder einschlafen. Kaum hatte er das Licht ausgeschaltet, fing er an zu schnarchen. Es war kaum auszuhalten. Wenn es gar nicht mehr ging, habe ich ihn angestoßen: Erwin, Erwin. Dann bin ich eingeschlafen. Und er sagte: Jetzt schnarchst du aber. Da hatte er mich wach, und ich bin oft nur noch mit einer Faustan-Tablette eingeschlafen.

Klingt nach Qual?

Nein, wie gesagt, es war wunderbar in Piešťany. Wir sind früh aufgestanden. Nach den Kuranwendungen haben wir gefrühstückt und uns noch mal eine Weile hingelegt. Dann sind wir raus auf die Promenade. Und nachmittags zur Blasmusik. Oder wir sind weit hinausgewandert durch die Stadt, durch die Parks, bis in die Felder. Da haben wir zwischendurch in irgendeinem Bäckerladen Station gemacht und Kaffee getrunken, haben die Leute beobachtet. An den Abenden haben wir österreichisches Fernsehen gesehen oder auch tschechisches. Ich habe ihm bei der Gelegenheit die Füße massiert ...

Und das Kurhaus Thermia mit seinen Jugendstilfenstern war so etwas Prachtvolles. Das muss dir doch richtig gefallen haben?

Es war wunderbar. Das Schönste, was wir hatten, war ein Appartement mit roten Samtvorhängen. Auch die Sessel, das Bett waren mit rotem Samt bespannt. Es war ein solcher Luxus ... Das Einzige, was mir die Sache etwas vergällt hat, war die Unruhe wegen der Kinder. Ich war eine solche Närrin, wollte immer wissen, was die Kinder machen und habe Stunden am Telefon verbracht mit Warten auf die Vermittlung, weil es damals noch keine Direktverbindung gab.

Aus deinen Gedichten lässt sich herauslesen, wie du immer wieder Halt und Trost in der Natur gefunden hast, Geborgenheit. War das bei Erwin auch so?

Ich denke doch. Es ist ja nicht so, dass nur ich etwas mit mir und der Welt abzumachen hatte. Ihm ging es nicht besser. Du musst dir vorstellen, was für große Areale er erritten hat. Sein Radius war viel größer als meiner. Eine Weile bin ich sogar mit ihm geritten, er hat mir darin regelrecht Unterricht gegeben. Dann habe ich aber aufgehört, weil die Nachmittagsstunden für mich die einzige Zeit waren, um am Schreibtisch zu sitzen und etwas zu arbeiten. Manchmal ist er sieben, acht Stunden zu Pferde unterwegs gewesen. Er war vertraut mit den einzelnen Seen und Waldungen, kannte so viele Pflanzen und Tiere. Dagegen war mein Bereich verhältnismäßig eng, vielleicht fünf, sechs Kilometer um Schulzenhof herum. Aber diese Landschaft habe ich mit Gedichten *durchstichelt*.

Diese Formulierung stammt, wenn ich mich nicht irre, selbst aus einem Gedicht?

Ja, das kann ich dir sagen:

Atem grün

Die Wege hab ich mit Spuren bestickt.
Die Landschaft mit Gedichten durchstichelt.
Auf alles hab ich mit Augen geblickt.
Wie die Mäherin Gras hab ich Worte gesichelt.
Im Tau der Frühe sanken sie hin,
Noch eben beim Leben, schon Duft von Vergehen.
Der Gräser Vergängnis, der Worte Beginn,
So immer wieder wird auferstehen
Das Grün der Gräser, das Kieferngrün,
Das Grün der Erlen, das Grün der Tannen.
Doch nur durch Glücksrausch, niemals Bemühn,
Geschiehts, den Duft in Worte zu bannen,
Der welkendem Gras in Schwaden entsteigt.
Der grüne Atem aus brünstigem Leben,
Vom Mittagsschrillen der Grillen durchgeigt,
Läßt Himmel und Erde in Lüsten erbeben.

Ich bin täglich stundenlang in dieser wilden und schönen Landschaft unterwegs gewesen. Auf dem Weg nach Dollgow, auf dem mich Henry jetzt mit meinem Rollstuhl fährt, ist linker Hand schon ziemlich hoher Kiefernwald, gemischt mit Robinien und Unterwuchs von Eichenlaub, und man sieht einen Hügel nach dem anderen. Links vom Weg sind die Hügel gewölbt wie eine weibliche Brust. Auf dieser Seite ist trockener Waldboden. Aber auf der anderen Seite ist eine Endmoränen-Landschaft mit Senken und zum Teil verlandeten Seen. Man muss aufpassen, dass man da nicht reingerät und versackt.

Man kann sich richtig verlaufen?

Du, das ist mir mit dem kleinen Erwin sogar schon mal passiert. Eines Sonntagnachmittags bin ich mit ihm hinausgegangen bei Schnee und Eis in den Wald Richtung Rheinsberg, weil er nicht schlafen wollte und Erwin störte durch die dünne Wand. Wir wanderten durch die Wälder, und ich merkte, wie es immer dämmriger wurde. Ich hatte das Gefühl, im Kreis zu laufen. Der Kleine quengelte: Mama, wann gehen wir nach Hause. Ich habe ihn beruhigt und ihm Geschichten erzählt, dabei immer Ausschau gehalten, wann ich auf den Hauptweg nach Rheinsberg stoße. Mir stand schon der Angstschweiß auf der Stirn, da bin ich auf der anderen Seite von Schulzenhof herausgekommen. Und ich dachte, Erwin wird mich suchen. Keiner wusste ja, wo ich geblieben bin. Doch es stellte sich heraus: Er hatte gar nicht bemerkt, dass ich weg war.

Aber inzwischen ist es vertrautes Terrain?

Ich kenne nun alles in dieser Landschaft, weiß, wie ich gelaufen bin, wo ich gestanden habe. Es gibt viele Orte, wo ich mich gerne aufhielt. Vom Kieferngrund ist die Rede oder von meinem Astversteck.

Mein Studio

Mein *Studio* ist im Astversteck
Unter der Höhlenkiefer.
Da sitz ich ohne Ziel und Zweck.
Was ich an Worten liefer,
Ist nichts als Spiel und Selbsterhaltung.
Was daraus wird, ist ungewiß.
Doch mühe ich mich um Gestaltung.
Und Licht wird aus der Finsternis.
Der Morgen ist für mich gemacht.
In jeder Frühe bin ich hier.
Aus der geheimnisvollen Nacht
Entflügelt sich das Luftgetier
Mit feuchtem Schwingenschlag. Der Reiher
Beherrscht das Tal. Ich störe ihn.
Wildenten wolln zum Wiesenweiher

Bachaufwärts durch den Nebel ziehn.
Sie fliegen auf, hörn sie mich kommen.
Doch sitz ich still im Baumgeäst,
Kommen sie wieder hergeschwommen,
Und es beginnt ihr Morgenfest
Von neuem. Ich bin eingegangen
In das Gesetz der kleinen Welt:
Der Tag wird leuchtend angefangen,
Wenn nachtkalt noch der Nebel fällt.

Daraus spricht eine Ruhe, eine Versenkung, als ob du dich lange an einem Ort aufgehalten hast?

Genau das habe ich gerne gemacht. Hinter unserer Wiese, hinter zwei Wäldern, gibt es eine Senke wie ein Amphitheater. Vom Grund aus sieht man nur den Himmel über sich und ringsum sind kleine Kiefern. Da habe ich gestanden und nach oben geschaut auf den Zug der Vögel.

Dazu gibt es zum Beispiel das Gedicht »Vogelzüge«.

Und auch dieses:

Abenteuer

Laß uns doch vom Weg abweichen,
Durch das Kieferndickicht gehn,
Abwärts zu den toten Teichen,
Und von da den Himmel sehn.
Stehst du über diesem Tale,
Ahnst du kaum den kleinen Krater.
Doch vom Grund der Eiszeitschale
Siehst du: ein Amphitheater
Baut sich ganz gesetzlich auf:
Überm höchsten Rang nur Himmel.
Wetterwechsel, Wolkenlauf,
Diagramm der Vogelzüge,
Von Woher und nach Wohin,

Fragmentarisch alle Flüge,
Abgetrennt von ihrem Sinn.
Ein Geheimnis liegt am Grunde:
Die Bewegung in der Zeit.
Erdzeitliche Schreckensstunde,
Als der Gletscher kam von weit.
Wir genießen Dimensionen,
Die uns nicht alltäglich sind,
Und vergessen, wo wir wohnen,
Und vielleicht auch, wer wir sind.
Doch wir finden neu das Feuer,
Und wir üben unsre Hand:
Urmenschliches Abenteuer
Im schon lang vermeßnen Land.

Stillstehen und dabei Aufbruch wagen?

Meine Sehnsucht und mein Gebundensein – genau das ist auch im Gedicht »Vogelzüge«, das du genannt hast: »Unser sanft ziviles Leben: / Atavistisch wird's durchdrungen / Von dem Wanderschrei der Vögel, / Der uns heißt: zu fliehn, zu fliehn. / Südwärts, südwärts! Über Grenzen. / Hin zu Wärme, Duft und Grün.«

Über Grenzen – das hätte man zu DDR-Zeiten wie eine Forderung nach Reisefreiheit auffassen können?

So konnte man es vielleicht lesen. Aber mir ging es um mein Augenblicksempfinden und die Einstellung, die ich gegenüber dem Leben haben wollte. Die drückt sich deutlicher noch in einem Gedicht aus, das ich in einer anderen Senke geschrieben habe, die, etwas moorig, von Laubbäumen umgeben war.

Risiko

Es gibt zwei verschiedene Haltungen
Gegenüber dem Leben.
Die eine: Streben nach Sicherheit.

Die andre: Sich über Schicksal und Zeit
Und alles das erheben.

Das Risiko muß man bejahn:
Man arbeitet ohne Seil.
Es macht nichts, wenn man sich außen verletzt:
Innen bleibt man heil.

Das ist die Haltung der Sucher und Finder:
Nicht auf Sicherheit, auf Sinn eingestellt,
Können sie auf fast alles verzichten,
Nur nicht auf ihren Entwurf von der Welt.

Ich weiß noch, wie ich im raschelnden Laub stand und mich verwurzelt habe. So bin ich immer *eingewachsen* an einer Stelle, und das auch im Winter mit Filzstiefeln und manchmal mit eisigen Füßen. Das war schon unheimlich. Dabei gab es noch ein Geheimnis: Ich habe dort im Wald geraucht, obwohl ich mir Erwins Meinung nach das Rauchen abgewöhnt hatte. Erst nach Erwins Tod habe ich wieder richtig damit angefangen.

Aber inzwischen rauchst du nicht mehr?

Aufgehört habe ich vor etwa fünf Jahren, 2003, nachdem ich einen Zusammenbruch hatte. Die Arbeit am »Kalender ohne Anfang und Ende«, Erwins Piešťany-Buch, hatte mich *angegriffen*, denn da durchlebte ich noch einmal diese Zeit in Piešťany. Ich habe viel geraucht. Es lag mir ein Infekt auf den Bronchien, ich nahm Antibiotika. Eines Morgens haben mich Henry und Sigrun gefunden, wie ich ohnmächtig quer auf meinem Bett ausgestreckt war. Im Krankenhaus bin ich fünf Tage nicht aus dem Koma erwacht. Und als ich allmählich zu mir kam, sah ich Jakob in der Zimmerecke sitzen, in einem grauen Pullover. Das Zimmer war überhaupt voller Leute – Ilja, Erwin, Henry – alles wimmelte um mich herum. Es hat ziemlich lange gedauert, bis ich begriffen habe, was los ist.

Also hast du beschlossen: Schluss mit Zigaretten?

Ich habe es nicht beschlossen, ich habe einfach aufgehört. Bei Erwin gab es diesen Moment, als ihm abends im Bett der Name Leskow nicht einfiel. Da war er achtundfünfzig und sagte sich: Wirst du nun sklerotisch? Wenn du was dagegen tun willst, hörst du sofort auf zu rauchen. Er hat ein für alle Mal die Zigarette weggelegt, und ich habe es nicht mal bemerkt. Sechs Wochen später habe ich ihm nach dem Abendessen einen Aschenbecher auf den Tisch gestellt. Da hat er gesagt: Du merkst nicht mal, dass ich nicht mehr rauche, ich quäle mich so. Ich habe ihn um Entschuldigung gebeten: Du hast die Lizenz, dich scheiden zu lassen wegen seelischer Grausamkeit.

Gab es bei euch in Schulzenhof einen festen Tagesablauf?

Absolut. Erwin war ein Mann von solcher Präzision und Selbstbeherrschung. Wie oft haderte er mit sich, weil er bis sechs Uhr geschlafen hatte. Meistens stand er halb oder um fünf auf, machte seine Gymnastik und Atemübungen. Er nahm es sich auch übel, wenn er sich abends zum Fernsehen hat verführen lassen, statt zu arbeiten. Mochte er auch manchmal einen Gewinn davon haben, im Prinzip lehnte er es ab: verlorene Zeit. Er hatte ein präzises Programm: Arbeit am Schreibtisch, Gänge zu den Pferden; es waren auch noch Tauben da, Kaninchen. Spätestens um sechs wurde gefrühstückt, denn die Jungs mussten halb sieben weg mit dem Fahrrad. Zehn vor sieben fuhr in Dollgow der Schulbus bzw. in den ersten Jahren ein Lastauto mit Bänken. Er hat oft schon vor dem Frühstück gearbeitet. Darüber hat er gesprochen und auch geschrieben: Das Entscheidende am Romanschreiben sei das Sich-an-den-Schreibtisch-Zwingen, egal, was herauskommt. Man müsse es tun, ob unlustig oder mit Kopfschmerzen. Vielleicht würde etwas ins Rollen geraten, vielleicht sei es auch zum *Wegschmeißen*, aber das dürfe einen nicht davon abhalten, sein Pensum zu leisten. Um zwölf gab es Mittag, abends um sechs wurde zu Abend gegessen. Bei uns existiert dieses System zwischen Henry und mir noch heute.

*Und du hast dich dann nach dem Frühstück zum Arbeiten hin-
setzen können?*

Nein, erst habe ich die Betten gemacht und aufgeräumt. Ich
hatte ja die Nachbarin, die zunächst sechs, dann fünf Tage
die Woche für viereinhalb Stunden gekommen ist. Tante Else
kümmerte sich um das Staubsaugen und so weiter. Und ich bin
gegen neun rausgegangen in die Landschaft, ob Sommer oder
Winter. Zum Beispiel ins sogenannte Wiesental, Sonnental.
Da habe ich dieses lange »Septembergedicht« geschrieben.

September II

September ist der Sehnsuchtsmonat
Mit Fernendunst im frühen Licht.
Das Leben wird schmerzlicher fühlbar:
Summe von Säumnis und Verzicht.

September ist der Täuschungsmonat:
Daß alles noch einmal beginnt.
Verwirrung wie vor einem Frühling.
Und wir: als ob wir ewig sind.

Wir gehn durch Silber und durch Bläue
Und fast verwandelt von der Luft,
Die lind ist wie die Luft der Ferne
Und wie gewürzt vom Bitterduft

Der Nüsse und nur hin und wieder
Von einer Rose aufgerührt.
September – Mond der Tagessterne
Im Taugekräut. Wie scharf man spürt

An solchen Morgen: alles wissen,
Noch Mensch sein und schon nicht mehr jung.
Erinnrung ist in unsren Küssen.
In jedem Wort: Erinnerung.

135

All unser Leben ist seit langem
Ein dreigefädelter Gesang:
Hoffnung und Sehnsucht zirpen zaghaft.
Von der Erinnrung kommt der Klang.

Die vollen und die tiefen Töne
Kommen von dem, was mit uns *war*.
Doch im September glänzt das Schöne
Noch einmal uns auf Haut und Haar.

Es gibt ja mehrere Septembergedichte von dir. Eines hat mir Hermann Kant während einer Autofahrt auswendig aufgesagt: Da malst du ein Ikonenbild mit Schimmel und Apfelbaum.

Du meinst sicher das:

Wieder September

Ikonenfarben: Blauer Himmel
Und Apfelrot im grünen Baum.
Davor ikonenecht: ein Schimmel.
Der grast und lebt. Hat keinen Zaum
Und keinen Recken zu ertragen.
Kein Krieg um Gott zwingt ihn zum Stolz.
Septembertag, mit Gold beschlagen.
Und wie gemalt auf altes Holz.

Ja, und dann gegen elf bin ich wieder nach Hause gegangen. Tante Else hatte inzwischen etwas vorbereitet, und ich habe das Mittagessen gekocht. Wir haben gegessen, Erwin hat sich oben hingelegt. Die Kinder kamen meist erst gegen zwei aus der Schule.

Hast du gern gekocht?

Dass ich besondere Lust dazu hatte, kann ich nicht behaupten. Ich habe mich nur gefreut, wenn es Erwin geschmeckt hat und den Kindern auch.

Und nachmittags?

Bin ich noch mal raus, mitunter sind die Kinder mitgegangen.
Es gab da eine Hütte, darin haben wir gern abends gesessen.
Ich hatte gekochte Eier in der Tasche, in Brocken geschnitte-
ne Ungarische Salami, Brot und etwas Obst. Und auch die
Nachbarskinder sind mitgetappelt. Das war so herrlich – bei
Mondschein über der beschneiten Wiese. Dabei habe ich
vielleicht an einem Text gebaut, und die Kinder wuselten um
mich herum. Oder ich bin im Thörnsee geschwommen, auch
dazu gibt es ein Gedicht, eines von den späteren:

Morgensee

So viel weiße Seerosen wie dieses Jahr
Hat der Waldsee noch niemals gesehen.
In der blühenden Brandung ein Wildentenpaar
Zu hören ist nicht zu sehen
Im schäumenden Weiß. Der Sommer querrt
Eintönig mit ihren Stimmen.
Der Tag ist schon früh so von Hitze verzerrt,
Daß nur hilft: ins Wasser und schwimmen
Durchs Rosengeschlinge, die Todesgefahr
Unsrer ängstlichen Kindheit: es reißt euch hinab!
Ich treibe im Kühlen kühl Sonne im Haar …
Wie schön, wenn es jetzt wär, von Rosen dies Grab

*Haben die Kinder mitgekriegt, dass du eine Dichterin bist? Wie
haben sie darauf reagiert?*

Das haben sie mitbekommen, wenn wir bei Alfred Wellm waren und uns gegenseitig vorgelesen haben. Überhaupt war es
für sie normal. Erwin saß ja auch am Schreibtisch.

*Musstest du manchmal sagen: Jetzt stört mich mal nicht, ich ar-
beite gerade an einem Gedicht?*

Nein. Ich habe hier nicht nur unsere Jungs neben mir gehabt, sondern, wie gesagt, sogar die Nachbarskinder. Davon, dass ich Gedichte schreibe, wurde weiter kein Aufhebens gemacht.

Wie haben die Kinder überhaupt die Abgeschiedenheit hier er-lebt? Sie konnten ja nicht mal in den Kindergarten …

Doch, in Dollgow gab es einen. Matti ist manchmal dorthin geradelt, hat ein bisschen mitgemalt oder gespielt. Er war überhaupt so ein Geselligkeitsmensch. Im Dorf hat er überall die Türen aufgemacht und mit den Leuten geredet. Mit allen war er per Du. Der kleine Erwin dagegen war vollkommen hermetisch in seinem Wesen, zu ihm war nicht so leicht Zu-gang zu bekommen.

Und Jakob?

Für ihn war Ilja eine Bezugsperson. Er ging noch nicht zur Schule, aber er hat aufgeschnappt, womit sich Ilja beschäf-tigt hat. Einmal hatte ich ihn nach dem Baden vor mir sitzen auf einem Schränkchen, um ihn abzufrottieren. Ins Badetuch gewickelt, hat er über sich selbst gesagt: Er ist nicht so wie an-dere. Die anderen sagen nie »Sau« zu sich. Aber er sagt »Sau« zu sich. Er ist schon so wie Ilja: Kritik und Lebenskritik.

Lebenskritik?

Ilja hatte wohl in der Schule damals so ein Aufsatzthema: »Kritik und Selbstkritik«. Oder er hatte gehört, wie wir mit Ilja über seine Noten in Mathematik sprachen. Wenn die nicht besser würden, könnte er nicht das Abitur machen und nicht studieren. Muss man denn das Abitur machen? Muss man denn studieren, fragte mich Jakob da. Das muss man nicht, habe ich zu ihm gesagt, aber wenn man einen guten Beruf haben will, ist es besser. Na, was stellst du dir denn vor? Was willst du denn werden? Da hat er überlegt und gesagt: Ich möchte einfach nur leben.

Ach, wie schön.

Das ist dann in ein Gedicht von mir eingeflossen.

Einfach: Leben

Ich möchte weiß sein wie mein Hund
Und in der Dämmrung leuchten,
Und da sein ohne Zweck und Grund.
Die Träume, die mich deuchten
Bis heut wunschwert und wunderbar,
Die will ich gern vergessen:
Die Liebe, die noch niemals war,
Und was ich *nicht* besessen.
Ich möchte ohne Hoffnung sein
Und einem Herrn ergeben.
Von Zweifeln und Gedanken rein,
Würde ich einfach: *leben.*
So aber schlepp ich mich umher,
Schwer von zuviel Gesichten.
Nur manchmal mache ich mich leer
Und los von Furcht und Pflichten.
Und von der Welt, die mich nicht kennt
Und will, ich soll sie kennen,
Und von der Zeit, die mich so brennt,
Wie wir die Bäume brennen.
Dann will ich weiß sein wie mein Hund
Und will im Finstern leuchten.
Und das ist jener Wünsche Grund,
die euch *abscheulich* deuchten.

Oh, dieses Gedicht hat mir schon immer gefallen.

Der Kleine musste sich ziemlich anstrengen mit dem Lernen.
Er hat dann das Abitur gemacht, im Gegensatz zu den beiden
älteren Brüdern und viel besser als Matti.

*Letztlich kommt es ja darauf an, dass jeder eine eigene Welt braucht
und diese Welt behauptet gegen alle äußeren Anfechtungen.*

Das ist richtig, was du sagst. Jeder braucht das. Und wenn ein Dichter bekundet, dass er in so einer eigenen Welt existiert, geht eine tröstende, eine inspirierende Wirkung davon aus.

Ja, genau. Wie du das sagst, das habe ich so noch gar nicht gehört.

Der Dichter zeigt: Man kann sein eigenes Leben leben. Man kann seine eigenen Gedanken denken. Man kann seine eigenen Passionen haben. Wie das bei mir kam, ich kann es nicht sagen, es muss genetisch angelegt gewesen sein, denn durch Einfluss der Umwelt oder gar der Literatur ist es nicht gewachsen. Es existierte, wie gesagt, kein Buch bei uns zu Hause. Das Einzige war, dass mein Vater eine Geige hatte und gelegentlich stümperhaft darauf gekratzt hat und dass zu Weihnachten Weihnachtslieder gesungen wurden. Es war bei mir wohl so, dass ich eine Art Lebensfreudigkeit hatte, eine Aufmerksamkeit für das Leben. Ich kann mich in das Gefühl zurückversetzen, als ich so ein kleines *Ding* war: dieses An-mich-Reißen, als ich plötzlich die Natur entdeckt habe.

Wenn es bei dir, wie du sagst, eine Veranlagung ist, was meinst du: Bedarf es auch bei Lesern einer bestimmten Mentalität oder Gestimmtheit, um für deine Gedichte aufgeschlossen zu sein?

Sicher gibt es Menschen, die damit überhaupt nichts anfangen können. Die können sogar begeisterte Romanleser sein.

Wobei der Mensch doch viel gewinnt, wenn er mit Lyrik lebt. Er hat viel größeren Genuss an der Welt, weil er sie sensibler auffasst.

Ja, Irmtraud, und doch gibt es Menschen, die brauchen das nicht. Und andere, gar nicht mal aus hochgeistigen Berufen, werden davon ergriffen. Da könnte ich dir rührende Geschichten erzählen. Mir kommt manchmal Verehrung entgegen, die mich verlegen macht. Ich weiß, was ich will in der Sprache, in der Kunst. Aber im Übrigen bin ich eine alltägliche

Person. Mir liegt die Attitüde nicht zu sagen: Ich bin Dichterin.

Weil du aussprichst, was in anderen sprachlos lebt. »Sie sagte das, was wir sagen würden, Wenn wir es sagen könnten, so wie Sie«, heißt es in einem deiner Gedichte …

… das ich übrigens »Bürde« nenne. Manchmal fürchte ich: Die Leute bauen ein Bild von mir auf, das mit mir, wie ich bin, nichts zu tun hat. Ich kann nur von mir selber reden.

Aber das Echo auf deine Texte zeigt doch, wie groß das Bedürfnis ist, sich an jemanden anzulehnen wie an eine Mutter …

Darüber habe ich in meinem Schubert-Essay »Der Wanderer« geschrieben: Ich würde mich im wirklichen Leben an niemanden lehnen. Ich lehne mich an die Schubert'sche Wanderergestalt. Einer, der sich in Einsamkeit durch eine weglose Schneewelt schleppt und heult. An diese nicht existente flüchtige Gestalt, die sich im Klang, im Raum befindet, lehne ich mich. Peter Schreier, mit dem ich befreundet bin, hat seinerzeit »Die Müllerin« gesungen, was sehr gut zu ihm passte, aber »Die Winterreise« passte nicht. Die kann man eher ohne Stimme singen als zu gut. Und jetzt hat Schreier, er ist ja nun auch schon über siebzig, mir eine Kassette geschickt, auf der auch Teile aus der »Winterreise« sind. Ich habe ihn angerufen und habe gesagt: Ja, jetzt kannst du es singen. Die Stimme ist älter, der Gesang ist *tiefer*, das Leiden reißt Welt herein. *Absolut.*

Und ebenso lehnen sich andere an deine Gedichte an.

Mag sein, aber ich widerspreche immer, wenn Leute sagen, sie seien so glücklich mit meinen Texten, weil es so wenige gebe, für die das *Gute, Schöne, Wahre* noch existiert. Das stimmt nicht: Man findet immer Menschen, mit denen man harmonieren kann. Man soll ihnen, da man selber Mensch ist mit allen Schwächen, nichts Schlechtes nachreden. Soll nicht auf sie herabblicken, sondern lieber sehen, wie man sich mit ihnen verbindet. Aber ich verstehe schon: Menschen, die zu Poesie Zugang haben, sind geistig sehr bewegte Leute, die sich ihre eigene Lebensphilosophie machen, um sich ins Gleichgewicht zu bringen. Und wenn meine Gedichte dazu beitragen, ist das natürlich schön.

Erwin hat mal gesagt, dass der Mensch eine Poetisierung seiner Wirklichkeit benötigt.

Da sprach er von sich, aber es gilt wohl auch im Allgemeinen. Er sagte, wenn der Mensch zur Poetisierung seiner Welt nicht fähig wäre, könnte er nicht existieren. Er poetisiert seine Umwelt sogar in der finstersten Fabrik.

Und mit Gedichten gelingt das natürlich am wirkungsvollsten.

Oder auch mit Musik.

Überhaupt, indem man seinen banalen Alltag auf irgendeine Weise vergeistigt.

Indem man sich nicht so sehr an überflüssige Dinge hängt.

»Zum Beispiel widerstrebt es mir,/ Geld an Kleidung zu verschwenden,/ Als wären wir vor allem hier,/ Um einander zu blenden«, schreibst du in einem Gedicht.

»Mode« heißt es.

Und du hast dir nicht auch mal was Schönes gekauft?

Ach, ich kannte Frauen, die sehr elegant waren und fähig, mit sicherem Geschmack das Passende für sich auszuwählen oder überhaupt erst zu finden. Diese Zeit hatte ich nicht. Wenn ich in Berlin war, bin ich mal ins Exquisit in den Rathauspassagen gegangen. Wenn es einen bestimmten Anlass gab, habe ich auch was gekauft. Und dann konnte es sein, dass es nach kurzer Zeit schon nicht mehr passte. Weil ich zugenommen oder auch weil ich abgenommen hatte. Und so hingen dann in meiner Berliner Wohnung Sachen herum, die ich kaum oder sogar nie getragen habe.

Ich denke, dass ist auch eine Art Poetisierung von Wirklichkeit. Für mich hat Kleidung auch etwas Geistiges. Sie hat zu tun mit dem Bild, das ich von mir habe oder haben möchte, mit meinen Wünschen, in welchen Situationen ich das anziehen würde …

Man kauft etwas zu klein, weil man hofft, bald schlanker zu werden. Oder man wünscht sich etwas Besonderes zum Ausgehen, und dann hat man kaum Gelegenheit dazu … Glaub nicht, dass ich nicht auch an Sachen gehangen habe. Die Möbel für unsere Berliner Wohnung habe ich in dem Geschäft der Werkstätten Hellerau am Spittelmarkt gekauft.

Meine ersten Möbel kamen auch daher.

Da weißt du, was das für zeitlos schöne und stabile Möbel sind. Den Sessel habe ich später mit rotem Samt beziehen lassen. Dunkelroter Samt. Er steht unter der Treppe in der Diele im neuen Haus. Du hast schon darin gesessen.

Das ist es eben: Der Mensch sucht nach Schönheit. Wenn man sich auch sagt, man solle anspruchsloser sein …

Das allzu Karge ist unästhetisch. Man sollte es sich nicht übelnehmen, wenn man mit einigem Aufwand Schönheit um sich schafft.

Wenn zwei Menschen zusammenleben, die schreiben, wird reden schwieriger mit den Jahren, schreibst du in »Mai in Piešťany«, »wenn bei beiden die Sucht wächst, das Erlebte zu verwandeln in Worte, wird harmlose Mitteilung von Gefühlen und Gedanken vermieden«. Von einer »Schutzzone« sprichst du und dass du ganz und gar »unlieblich« geworden seist. Das deutet auf einen Zwiespalt. Wärst du manchmal doch gern »lieblich« gewesen?

Nein, das hätte ja bedeutet, auf das Werk zu verzichten. Ich war aber bemüht, mich in einer bestimmten Weise zu verhalten, weil ich Erwins Bedürfnis nach Zuwendung spürte. Erstens hat ihn ja mein Intellekt fasziniert und zweitens die Mädchenhaftigkeit, das halb kindliche Wesen, das ich natürlich auch für ihn gespielt habe.

Wie war das für dich, wenn er mal nicht da war, wenn du hier alleine warst? Hast du dann mehr Kraft gehabt zum Arbeiten oder hast du ihn vermisst?

Ich habe ihn sehr vermisst. Da gibt es ja so ein Gedicht, das »Brief« heißt.

Brief I

Die Mäuse herrschen jetzt in deinem Zimmer.
Sie nagen deine Nüsse und die Wunderblumen an.
Mein Zorn auf dich wird immer schlimmer,
Weil ich dich nicht drei Tage missen kann.
Ich rauche deine Zigaretten. Du sollst nicht rauchen,
Hast du mir gesagt.
Und wie soll ich die Sommerglut verbrauchen?
Danach, mein Lieber, hast du nicht gefragt.
Ich hasse unsre breiten Betten.
Du bist sehr fern. Doch der
Orangenmond hängt nah bei unserm Haus.
Die Sonnenrosen leuchten. Diese Nächte
Löschen nicht mal ein kleines Farbenfeuer aus.

Was meinst du: Fällt es Männern leichter, nur geistig zu arbeiten, während Frauen immer noch etwas anderes, Praktisches tun müssen oder vielleicht auch brauchen?

Ich weiß es nicht. Es gibt sicher auch Frauen, die ganz im Intellektuellen leben. Als Studentin habe ich gerade mal mein Bett gemacht und war sonst ganz auf Bücher fixiert. Abgesehen davon, dass ich *rumgeschlendert* bin mit irgendwelchen

Kavalieren. Ich hatte nicht das Bedürfnis, mich in die Rolle einer *Ehefrau* zu finden.

Da warst du ja auch noch ganz jung. Aber du bist doch wohl nicht davon ausgegangen, dein Leben lang allein zu bleiben, wie es manche Frauen heute schon für selbstverständlich halten?

Nein, das finde ich schlimm. Nur aus der Not heraus wäre ich allein geblieben, wenn Erwin sich aus seiner Ehe nicht hätte befreien können. Aber das hätte ich als Unglück empfunden. So habe ich, wie ich schon sagte, auch in meinem Gedicht geschrieben: Nie hätte ich das Dach zerstört, unter dem meine Kinder leben.

Ich habe dieses Gedicht aber in keinem deiner veröffentlichen Bände gefunden.

»Das Dach« wird in der Gedichtsammlung sein, die im nächsten Jahr erscheint. Die reicht von den frühen bis zu den späteren Jahren.

Werden die Gedichte diesmal datiert sein?

Wir wollen sie datieren. Ich weiß, dass es die Leute irritiert, wenn es nicht so ist. Im Original ist auch ein Datum dabei. Das zusammenzustellen, war interessant, manche Dinge sind viel früher geschrieben worden, als ich dachte. Constanze hat alle Urschriften geordnet – das meiste ist ja handschriftlich – so dass wir mühelos nachschauen können.

Constanze Holtz-Baumert führt dein Archiv.

So hat es sich ergeben. Sie kommt einmal aller zwei Wochen zu mir. Ich kenne sie schon, seit sie ein kleines Mädchen war, weil Gerhard Holtz-Baumert mit Frau und Kindern oft bei uns zu Besuch gewesen ist. Seitdem sagt sie immer noch Tante Eva zu mir. Zunächst hat sie damit angefangen, die Berliner Wohnung zu betreuen. Und eines Tages habe ich gesagt: Du könntest dich ja mal dranmachen, meine vielen Briefe zu ordnen. Das hat sie über Jahre getan, viel intensiver, anspruchsvoller, als ich gedacht hatte, chronologisch und alphabetisch. Die sechzig Leitz-Ordner mit Briefen sind eine Fundgrube zur *Sozial- und Ideengeschichte* der DDR. Sie zeigen, auf welch hohem Niveau sich die Menschen geäußert haben, wie bewusst sie sich in der Welt bewegten.

Liest du viel?

Sagen wir so, ich habe ein großes Verlangen danach: noch mal Tschechow zu lesen, die großen Tolstoi-Romane zu lesen und den ganzen Paustowski, den Dickens, den Puschkin – all das, was einen so tief beeindruckt hat. Die große Bewegung von damals würde man so gern wieder *hochholen*. Außerdem begegnen einem auch immer wieder neue Dinge, in die man sich vertiefen möchte. Aber eigentlich brauche ich meine ganze Kraft für Erwins Tagebücher.

Dass er Tagebuch schreibt, war dir ja nicht neu, oder? Wann hat er damit angefangen?

Davon hat er mir erzählt und gelegentlich etwas vorgelesen. Ich war der Meinung, er hätte Ende der fünfziger, Anfang der sechziger Jahre mit den Tagebüchern begonnen. Nun sehe ich, dass er schon Mitte 1954 die ersten Aufzeichnungen gemacht hat in diese kleinen Vokabelhefte. Heterogene Sachen: Einkaufslisten, wann wir mit dem Handwagen in die Stadt gewandert sind, Naturbeobachtungen, Aufzeichnungen zum ersten Pferd. Dann Notizen von den Besuchen bei Brecht. Im Dezember 1954 ist er zum zweiten Allunionskongress der Schriftsteller nach Moskau gefahren. Wieder eine ganz andere Welt. Es ist eine Menge *Material*. Zur Veröffentlichung, meine ich, müsste man schon eine gewisse Chronologie beibehalten. Aber das kann ich erst entscheiden, wenn ich die Tagebücher alle gelesen habe. Das wird noch einige Wochen und Monate beanspruchen. Die Tagebücher enden 1994.

Veröffentlichung? Glaubst du, Erwins ganzes Tagebuch wird eines Tages gedruckt vorliegen?

Nein, das geht gar nicht vom Umfang her.

Warum, meinst du, hat er so viel Kraft in die Tagebücher gesteckt? Um Gedanken für spätere Werke festzuhalten, sich ein Stoffreservoir anzulegen? Oder brauchte er das Tagebuch, um loszuwerden, was ihm auf der Seele lag?

Es war so eine Idee von Rechenschaftspflicht. Dass er das, was er getan hatte, *abrechnen* wollte. Wobei das nicht völlig getrennt von irgendwelchen Veröffentlichungen gedacht gewesen ist. Er hat früher schon einiges aus den Tagebüchern herausgezogen und in Bücher gebracht. Im »Schulzenhofer Kramkalender« oder »3/4hundert Kleingeschichten«, in »Selbstermunterungen« und »Wahre Geschichten aller Ard(t)«. Den Titel hatte Matti auf einen Zettel notiert, aber »Art« mit »d«. Als wir ihn darauf aufmerksam gemacht haben, hat er in Klammern ein »t« dahintergeschrieben. Nach 1990 hatte Erwin sich in den Kopf gesetzt, einen Band zusammenzustellen, der seine Positionen erklärt, wie es damals viele taten, und die Drangsale, unter denen er gestanden hat. Aus den Tagebüchern hat er seine Erfahrungen mit »Wundertäter III« extrahiert und den Text »Die Lage in den Lüften« genannt. Er hat mir die Fassung zum Lesen gegeben. Ich fand aber, dass in dem Buch mehr enthalten sein müsse als der Streit mit der Zensur. Die Tagebücher sind ja viel reicher. Der Text muss erst einmal Fleisch und Knochen kriegen, habe ich gesagt, und er muss Poesie kriegen. Also gehören auch die Kinder hinein und was sonst passierte. Da war es wie so oft, dass er sagte: Dann mach doch. Er hat mir die Tagebücher gegeben, aus denen die Passagen herausgezogen waren, und ich habe sein Manuskript um fünfunddreißig Seiten erweitert: durch Äußerungen der Kinder, Jahreszeitliches und so weiter. So wurde es ein *rundes* Buch. Wie ich jetzt feststelle, steckt noch vieles in den Tagebüchern, das eine Veröffentlichung lohnt.

Du hast das aber erst gelesen nach Erwins Tod?

Ja. Ich bin immer noch dabei. Und es ist so eine Bewunderung in mir, wie er formuliert hat. Ich finde so viele Einzelheiten, die mich bezaubern. Zum Beispiel, wie er Anfang der sechziger Jahre die Familie für sich entdeckt. Da erwachen in ihm starke Gefühle für die Kinder. Matti hat ihm so nahegestanden, hat ihn so amüsiert. Über den hat er viel aufgeschrieben. Oder über den kleinen Jakob. Eine Szene habe ich gerade gelesen: Um Weihnachten 1964 muss das gewesen sein, als Jakob anderthalb war, da holten wir ihn und Matti aus Neuruppin ab. Sie waren bei der Großmutter, während wir unterwegs waren. Der Kleine saß bei Ilja auf dem Schoß, neben Erwin, und hat immer nach seinem Ärmel gegriffen, ihn geschüttelt: Vater, Vater. So traf ihn die Erkenntnis, dass das sein Vater ist und er nun nach Hause geholt wird. Das ist eine sehr ergreifende Geschichte. Oder an einer anderen Stelle, als Erwin wieder mal so sehr zerfallen war mit allem, schreibt er, wie sich für ihn alles wandelt, wenn dieser kleine liebenswürdige Mensch ihn anlächelt aus seinem Bett.

Er hat alles mit der Hand geschrieben?

Ja, ich kann es dir zeigen.

Eine sehr schöne Schrift, die kann man wunderbar lesen.

Bei mir ist das nicht ganz so einfach. Zu meiner Rechtfertigung kann ich sagen, dass Erwin meine Schrift geliebt hat: Kein anderer habe eine so intelligente Schrift. Was soll ich dazu sagen? Das ist so eine Mischung aus Sütterlin und Latein. Zum Beispiel, das kannst du hier sehen, benutze ich manchmal zwei G's, einmal das lateinische und einmal eins, dass aus dem Gotischen hervorging. Das wechselt innerhalb eines Textes oft.

Du hast auch eine schöne Schrift.

Nun, die Leute hängen sehr an diesen handschriftlichen Briefen, obwohl sie wissen, dass es Kopien sind. Trotzdem teilt ihnen die Handschrift etwas mit. '94 zum Ende des Jahres nach Erwins Tod habe ich angefangen, die ersten Rundbriefe zu schreiben.

Rundbriefe, warum?

Weil ich so viele Briefe bekomme, dass für persönliche Antworten die Kraft nicht reichen würde.

Wie viele solcher Rundbriefe schickst du raus?

Das ist verschieden. Beim letzten Mal waren es etwa hundertzwanzig.

Hast du dir manchmal vorgestellt, wie angenehm es wäre, am Computer zu arbeiten?

Das könnte ich nicht: Dichten am Computer. Ich kann mir schon denken, dass man es mit dem Verändern und Umstellen innerhalb eines Textes einfacher hat. Aber es täte mir leid um die Zwischenstufen, die ich gern für mich aufbewahren möchte.

Apropos aufbewahren: Ich war mit Henry unten im Keller im Archiv. Das ist ja frappierend: drei Räume voller Ordner und Karteikästen!

Eine *Fundgrube* für *Forscher.*

Die müssten sich aber hierher bewegen.

Du willst wissen, ob ich das alles nicht mal an ein Archiv geben will. Eigentlich sollte sich Jakob um das Ganze kümmern, hat aber dann gemeint, dass er das nicht kann, weil er an Berlin gebunden ist. Deshalb muss ich überlegen, was werden soll. Das Deutsche Literaturarchiv in Marbach hat sich gemeldet, auch die Handschriftenabteilung der Staatsbibliothek. Die Akademie der Künste wollte gerne alles hier übernehmen und finanziell tragen. Ich sollte für die Zeit meines Lebens Wohnrecht bekommen. 2007, als es mir nach dem Beinbruch so schlimm ging, sagte ich mir: Ich werde mich wohl davon trennen müssen. Doch dann kam Henry mit seinen Fotos von Schulzenhof ins Krankenhaus. Ich sah die Glyzinien, den Flieder, all die Blüten in ihrer Üppigkeit und Schönheit. Und jedes Mal, wenn er mir so was gezeigt hat, habe ich gesagt: Henry, ich kann nicht, ich kann es nicht, weggeben werde ich diesen Garten und dieses Haus zu meinen *Lebzeiten* nicht. Was dann wird, muss sich finden. Vielleicht ändert Jakob seine Meinung noch. Denn nichts hat sich Erwin mehr gewünscht, als dass Jakob hier sein *Erbe* antritt.

Und inzwischen hat sich hier, wie ich hörte, auch einiges getan?

Zum Herbst hin habe ich den Entschluss gefasst: Ich muss mich dem Verfall entgegenstemmen. Ilja und Jakob haben erst einmal aufgeräumt, wir haben die Einfahrt beim vorderen Tor machen lassen, vierzig Quadratmeter, dann den hundert Meter langen Weg bis zur Tür des neuen Hauses und um das Haus herum gepflastert, den Vorgarten neu angelegt. Henry fährt mich mit dem Rollstuhl raus, und ich bin richtig glücklich, dass sich das so verändert hat.

Es geht vorwärts.

Ja. Und jeder Weg, den wir machen, jede Wanderung unter diesen erhabenen Bäumen hat eine so erhebende Wirkung auf mich. Es reizt mich dieser Frühling, der sich angeschlichen hat über Wochen. Zunächst waren da nur Spuren von Grün, doch dann ist es geradezu explodiert in den letzten Tagen. Das bewegt mich, tut mir seelisch wohl und meinem Leibe auch.

Weil wir vorhin von Poetisierung der Wirklichkeit gesprochen haben: Inwieweit war das ein Vorsatz von euch beiden, dass ihr euch hier in Schulzenhof eine ganz eigene Welt geschaffen habt?

Du musst dir vorstellen: Hier waren zunächst nur das alte Haus, ein alter Stall und eine alte Scheune, die wir später abgerissen haben. Alles auf das Nackteste, Kargste und Erbärmlichste, technisch völlig unzulänglich. Wir haben, das sagte ich dir schon, jeden Eimer Wasser von der Pumpe geholt. Doch mit der Zeit haben wir das sozusagen *zivilisiert* und *kultiviert* zu einer Hülle für unser Leben. Es wurde ein eigener Kosmos, eine eigene Welt. Wenn ich auch mitunter widerstrebend war, Erwin hat von Anfang an gesagt: Er will sich hier seinen eigenen Ort schaffen. 1960/61 – wir waren gerade im Begriff, einen neuen großen Stall zu bauen und im Obergeschoss ein Appartement für Erwin einzurichten – hätte sich noch etwas ändern können: Die geschiedene Witwe von Fallada, Anna Ditzen, hat uns das Fallada'sche Anwesen in Carwitz zum Kauf angeboten. Wir hatten dort mitunter logiert; das Haus hat uns sehr gefallen. Der alte Garten am See, es war wie aus einem Traum. Ich wollte für mein Leben gern an einem Wasser wohnen. Worauf Erwin nur sagte: Du denkst nicht an die Mücken. Er hat drei Tage überlegt und dann verkündet: Nein, er kauft es nicht. Er kann nicht gegen den *Dämon* von Fallada anleben, denn Fallada hatte ja dort eine schreckliche Zeit mit Alkoholexzessen und Morphinsucht. Er will selbst einen Platz auf der Welt schaffen, so wie es Tolstoi mit seinem Gut Jasnaja Poljana gemacht hat. Das ist ihm dann auch gelungen, beziehungsweise uns beiden. Denn ich habe Erwin darin unterstützt. Ich habe die Wirtschaft geführt, die Familie und die Gäste betreut, auch die Tiere. Und das ging nur, weil wir uns in der Vorstellung von diesem Ort einig waren.

Aber letztlich richtete sich doch alles vorrangig nach den Bedürfnissen von Erwin, dass er arbeiten konnte?

Das Zimmer, in dem Erwin zuerst gearbeitet und gelebt hat, maß nur neun Quadratmeter. Er hatte sich aus Kistenbrettern einen Tisch zusammengeschlagen, auf den er seine Reiseschreibmaschine stellen konnte. Wenn er schrieb, hat er auf dem Bettrand gehockt. 1961, als dieser Stall gebaut wurde, ist uns eingefallen, dass wir im Obergeschoss auf dem Heuboden noch ein Appartement für Erwin einrichten könnten. Erwin hat es Ostern 1962 bezogen. Im Aufgang zur Etage war ein Bad eingebaut und eine Toilette. In diesem Zimmer hat Erwin dann zehn Jahre gelebt und gearbeitet bis Ostern 1972. Da ist er ins neue Haus übergewechselt, das eigentlich nur für ihn gedacht war. Damit er in Ruhe arbeiten kann.

Und du? Und die Kinder?

Wir wollten im alten Haus bleiben, wo wir es recht *gemütlich* hatten. Doch plötzlich meinte er: Ach, du kannst ja mit den Kindern mit nach *unten* ziehen, da ist noch ein großes Zimmer im Erdgeschoss neben der Diele. Ich werde doch nicht mit den Kindern in ein einziges Zimmer ziehen, habe ich gesagt. Im alten Haus haben wir zwar kleine Räume, aber jeder hatte seinen für sich. Wir haben also den Baumeister beredet, dass er den Keller ausbauen soll. Da kamen nun zwei Kinderzimmer hinein; dafür mussten größere Fenster eingebaut werden. Der mittlere Raum war fürs Archiv vorgesehen. Und ich lag dann im Bett in meinem großen Eckzimmer und habe mich zunächst völlig heimatlos gefühlt. Das kleine Zimmer im alten Haus, wo noch alle meine Möbel standen, habe ich sehr geliebt.

Aber Erwins Raum war um ein Vielfaches größer.

Für ihn war das ganze Obergeschoss in einer Fläche ausgebaut, so dass er nach allen Seiten hinaussehen konnte. Das Zimmer hatte siebzehn Fenster und eine dreiflügelige Tür zur Loggia. Nach allen Seiten konnte er hinausschauen. Und er hatte um sich, was er liebte: seine Bücher, seine Bilder, seine Musik, seine Schätze, seine Halfter, seine Kummets … Das war sein letztes Gehäuse, an dem er gehangen hat. Zweiundzwanzig Jahre hat er dort gelebt. Und er ist auch dort gestorben, wie er es wollte.

Häuslichkeit auf einem Bauernhof, Schreiben in Ruhe, Ausritte in den Wald – ein friedlicher Lebensentwurf, aufgerichtet vielleicht auch gegen all das, was er im Krieg erlebt hatte?

Es war doch seine Sehnsucht von Kindheit an. Aber ich merke schon: Du willst, dass ich mich zu Strittmatters Kriegserfahrungen äußere. Darüber wird nun hin und her spekuliert, seit Werner Liersch diesen Artikel geschrieben hat.

»Erwin Strittmatters unbekannter Krieg« – wie war deine erste Reaktion, als der Text am 8. Juni 2008 in der »Frankfurter Allgemeinen Sonntagszeitung« erschien?

Ich habe den Artikel ja schon vorher gekannt. Am Freitag saß ich über den Korrekturfahnen zum Buch »Für meine Schulzenhof-Freunde« – in angenehmer Stimmung. Da klingelte das Telefon. Günther Drommer, der mit mir zusammen die Bild-Biografie über Erwin Strittmatter herausgegeben hat, eröffnete mir, dass er einen Anruf von der Zeitung bekommen habe. Man wolle von ihm eine Stellungnahme zu dem Text, der am Sonntag erscheinen würde. Drommer hat ihn mir vorgelesen. Klar, dass ich schockiert war. Gegen Abend rief mich ein Redakteur der Sonntagszeitung an. Ich habe ihm geantwortet, dass ich Lierschs Aussagen weder bestätigen noch ihnen widersprechen kann.

Weil du dich erst mal abschotten wolltest?

Nein, ein Abschotten war das nicht. Wobei ich natürlich *getroffen* war. Es kam aus heiterem Himmel. Ich fand, dass da Tatsachen und Mutmaßungen vermischt waren. Wie hätte ich einen Kommentar dazu abgeben sollen?

Sind die Fakten über Strittmatters Militärzeit wirklich neu? Haben sie nicht schon in Kurzfassung im Lexikon »Wer war wer in der DDR?« gestanden?

Werner Liersch hat, glaube ich, in einem Interview gesagt, dass er durch dieses Lexikon darauf gekommen ist, weiter nachzuforschen. Dass sein Artikel Aufmerksamkeit, ja Aufregung auslösen würde, war beabsichtigt. Alle möglichen Leute, die keine Zeile von dem gelesen haben, was Strittmatter geschrieben hat, wollten nun über ihn diskutieren und Urteile abgeben. Es war für sie lediglich ein prominenter Name, dem sie das Etikett »SS-Mitgliedschaft« aufkleben konnten.

Was aber nicht stimmt?

Liersch schreibt, dass Himmler am 24. Februar 1943 angeordnet habe, das Polizei-Gebirgsjäger-Regiment 18, zu dem Strittmatter gehörte, in SS-Polizeiregiment umzubenennen, dass es aber organisatorisch Teil der »Ordnungspolizei« blieb. Er sagt ja auch nicht, Strittmatter sei Angehöriger der SS gewesen.

Es wurde in verschiedenen Medien aber dann so kolportiert. Werner Liersch macht seinen Vorwurf eigentlich »nur« daran fest, dass Strittmatter nicht genauer Auskunft gab über das, was er im Krieg gesehen hat.

Er spricht von den Verbrechen der Ordnungspolizei und lädt Erwin durch seine Formulierungen praktisch all diese Gräuel auf. Zwar sagt er, dass er nicht geschossen haben soll, aber er hätte als Bataillonsschreiber vieles gewusst und zur Aufklärung dieser Vorgänge beitragen können. Dabei schwingt untergründig mit, dass das Verschweigen bestimmter Lebenserfahrungen sein künstlerisches Werk infrage stellt. Liersch tritt im Namen der Moral und der Wahrheit auf. Als Schriftsteller ist Erwin für ihn nur insofern existent, als er dadurch in der Pflicht sei zu bekunden, worüber andere Menschen schweigen dürften. Auch in den anderen Artikeln kommt es so heraus. Andererseits …

Andererseits?

Auf der anderen Seite hat Erwin – gerade gegen Ende seines Lebens – selber so auf Wahrheit insistiert. Er will sich nicht vorwerfen lassen, dass er nicht die Wahrheit geschrieben hat.

Aber er hat auch immer wieder den Begriff »Verklärung« gebraucht – im positiven Sinne einer Gegenwelt, die der Künstler zu erschaffen habe. Dass Wirklichkeit ohne Poetisierung nicht erträglich sei, hat er gemeint.

Er hat nie Zweifel daran gelassen, dass er seine Lebensgeschichte literarisch verfremdet hat. Sie ist poetisch erzählt. Es ist die Existenz eines Poeten, die er schildert. Wenn Liersch sagt, der Krieg des »Wundertäter« sei ein geschönter Romankrieg, dann stimmt das schlichtweg nicht. Es gibt immer wieder krasse Szenen des Krieges in diesem Roman, in die eigene Erfahrungen eingeflossen sind. Aber auch die eigene Verarbeitung dieser Ereignisse.

Da denke ich zum Beispiel an die Szene nach einer Razzia auf einer griechischen Insel. Stanislaus Büdner spricht von Mord, Feldwebel Zauderer von Soldatentum. »Sie sind nicht ohne Mord hierhergekommen«, hält Büdner dagegen. »Sie haben den Menschen Zauderer getötet, sonst wären Sie nicht hier.« Und von sich sagt er: »Ich habe den Büdner umgebracht!« – Wenn das keine Abrechnung ist!

Er hat seinen Helden entschieden befragt, ihn geradezu über die Grenze des Lebens hinausgeführt, so dass er sogar schon das Gefühl hat, im Jenseits zu sein. Dabei ist die Reinheit dieser Kunstfigur ungemein wichtig für die Wirkung des Romans. Stanislaus Büdner ist einer, dem die Welt zustößt und der den Krieg immer als etwas Schlimmes erlebt.

Stanislaus ist nicht Erwin, aber Erwin hat sich in Stanislaus verwandelt.

Das brauchst du mir nicht zu sagen. Ich war doch von Anfang an, seit ich »Ochsenkutscher« gelesen habe, bezaubert von seiner Fähigkeit zur Verwandlung des nackten Lebens in Sprache und Bild. Er hat eine solche Hauptgestalt dann auch im »Laden« etabliert: Esau Matt ist eine reine Seele, ein naiver Mensch, der in die Welt verwickelt wird. Und ich habe ihn doch genau so gesehen. Obwohl es eine Kunstfigur ist, habe ich Erwin so gesehen.

Er sich selber wahrscheinlich auch: So wollte er sein. Und das gehört auch zu seiner Wahrheit.

Das ist ja der Dualismus. Das reale Leben, die reale Wahrheit und die künstlerische Welt, die gestaltete Wahrheit. Wenn ich mich auf die Seite der Kunst stelle, gibt es überhaupt keinen Zweifel an ihm. Aber wie ist es mit seiner eigenen Forderung nach Lebenswahrheit? Er möchte seinen Kindern ins Gesicht sehen können, hat er gesagt, indem er alles aufschreibt, was er weiß und sieht, was er gewusst hat und gesehen hat. Da wühlt in mir eben doch der Gedanke, ob es nicht Dinge gibt, geben könnte, die da etwas infrage stellen. Ich habe jetzt Briefe gelesen, die er an die Eltern geschrieben hat.

Wie bist du zu diesen Briefen gekommen?

Ich hätte sie längst lesen können. Wir hatten sie im Haus seit Erwins Bruder Heinrich seinen Mehlboden aufgeräumt hat und uns eine ganze Kiste Papiere schickte, in der auch diese Briefe waren.

Wann war das?

Noch zu Erwins Lebzeiten. Ich habe die Briefe nicht geöffnet, war aber nach seinem Tode erstaunt, auf einigen als Absender eine SS-Adresse zu sehen.

Hättest du ihn danach gefragt, wie hätte Erwin reagiert?

Es sei eine Sammeladresse gewesen, der auch seine Einheit zugeordnet war, hätte er wohl gesagt.

War es mit diesem Gedanken für dich abgetan?

Ja und nein. Weil es immer gut ist, Klarheit zu haben, hat Jakob vor einigen Jahren mit meinem Einverständnis Auskünfte eingeholt, ob gegen seinen Vater etwas vorliegt. Aber da war eben nichts.

Nur so viel, wie man mehr oder weniger allen vorwerfen muss, die im Krieg gewesen sind?

Ich glaube Erwin, wenn er sagt, dass er außer bei der Ausbildung auf dem Schießstand nie eine Gewehr- oder Pistolenkugel abgeschossen hat. Und ich füge hinzu, was überhaupt nicht ins Schema passt: Er war zunächst sogar froh, dass er einberufen wurde. Es war die Rettung aus einer existenziellen Krise.

Froh, in den Krieg zu müssen?

Er wurde in etwas reingerissen. Du musst dir die Ambivalenz vorstellen. Ein elendes Leben hat er geführt und ist bei der Schinderei in der Zellwolle fast erblindet.

Erblindet?

Von der Maschine, wo er arbeitete, stiegen giftige Dämpfe auf, das schlug auf die Augen. Das einzige verfügbare Gegenmittel war Milch. Die vertrug er aber nicht. Er hat sie mit nach Hause genommen für die Kinder. Umhergetaumelt ist er tagelang wie blind. Um Geld zu sparen, ist er den Weg von Schwarza nach Saalfeld oft zu Fuß gegangen. Er hat sich wirklich abgeschunden, zumal seine damalige Frau nicht gearbeitet hat und Ansprüche stellte. Er wollte von der Zellwolle weg, weil er so wenig verdiente, aber er war kriegsverpflichtet. Als er dann eingezogen wurde und Sold bekam, hat das einen Druck von ihm genommen. Denn ein Großteil des Geldes ging nach Hause, zur Familie. Er hat sogar in der DDR überlegt, ob er sich zur Kasernierten Volkspolizei melden soll, wie es einige seiner Bekannten taten. Dann hätte er ausgesorgt gehabt. Das Leben unter Männern hat ihm ganz gut gefallen: Wenn keine Frauen *rumnölen* und Ansprüche stellen.

Hätte ich nicht gedacht.

Hätte ich auch nicht gedacht, wenn ich es nicht in seinen

157

Tagebüchern gelesen hätte. Aber jetzt erfahre ich aus seinen Briefen, dass er sich bei Kriegsbeginn freiwillig melden wollte. Die haben ihn aber nicht genommen, weil er bei der Zellwolle unabkömmlich war. Da glaubt er sich vor seinen Eltern, vor allem vor seinem Vater, rechtfertigen zu müssen. Seine Brüder waren ja schon Soldaten. Er schreibt in einem Ton, der ihn mir völlig fremd erscheinen lässt. Feind und Vaterland – solche Worte habe ich ihm nicht zugetraut.

Du hast ihn kennengelernt, als er schon die Erfahrung des Krieges hinter sich hatte.

Ja.

Und er war sowieso niemand, der gerne zugegeben hätte, dass er sich geirrt hat. Aber könnte es nicht auch sein, dass er sich seinem militärbegeisterten Vater anders dargestellt hat, als er war, um von ihm anerkannt zu werden? Er war doch eigentlich kein schneidiger Typ, sondern eine Künstlernatur.

Das ist auch nicht ganz auszuschließen. Er war dauernd so bemüht, dem Vater zu imponieren, der ihn in seinem Wesen nicht akzeptierte. Wenn ich das lese, sage ich mir: Was für eine jämmerliche Existenz. Er ist wie ein Tier im Käfig. Und dabei tut er mir wahnsinnig leid, so wie er mir unser Leben lang leidgetan hat. Wie er damals in seiner unheizbaren Bude saß und schrieb, von der Frau für verrückt erklärt, weil er den Glauben hatte, Schriftsteller zu werden. Und nach dem Krieg ist er aufs Amt gegangen in Saalfeld, hat sich angemeldet mit seinem Namen und der Berufsbezeichnung Schriftsteller. Zum Schriftsteller hat er sich selbst ernannt, obwohl er kaum eine Zeile veröffentlicht hatte. Er war in dieser Hinsicht so von sich überzeugt, dass niemand gezweifelt hat.

Wie hat er es geschafft, nicht in Gefangenschaft zu geraten?

Dazu kann ich dir nicht mehr sagen, als in seiner Erzählung »Grüner Juni« steht.

Dass er fünf Monate vor Kriegsende desertiert ist, wird im Artikel von Karl Corino nun auch in Zweifel gezogen.

Würdest du deinem Mann oder Corino glauben? Das Schlimme ist, dass man nichts *verifizieren* kann.

Corino macht geltend, dass die Bäuerin, bei der er sich versteckte, zeitlebens bestritt, Deserteuren geholfen zu haben.

Das ist kein Beweis. Die Bäuerin hat tatsächlich später geschrieben: Dass ihr abgehauen wart, haben wir nicht gewusst. Sie hat sich sozusagen im Westen abgesichert, dass ihr ja keiner sagen kann, sie hat Deserteure beherbergt. Mein älterer Bruder, der zu den Amerikanern übergelaufen ist 1944 in Frankreich, hat auch nie davon erzählt. 1979, als er das erste Mal in Familie hier war, hat Jakob ihn darauf angesprochen, und er hat es beiseite gewischt. Seine Söhne sollten es nicht wissen. Denn im Westen galt es als Schande. Deserteure waren Vaterlandsverräter.

Wie heißt dein Bruder?

Der ältere Bruder heißt Wolfgang Braun, der jüngere Udo. Von Dr. Udo Braun, der im Reclam Verlag gearbeitet hat, habe ich ja schon erzählt.

Es gibt niemanden, der Erwin so gut kennt wie du. Was meinst du: Hat er mit seiner Militärzeit ein Schuldbewusstsein verbunden?

Hier, du kannst selber lesen, was er 1959 in diesem Zusatz zu seinem Lebenslauf für das ZK geschrieben hat, als er Erster Sekretär des Schriftstellerverbandes werden sollte.

Das Dokument, auf das sich Werner Liersch beruft?

Ein Journalist vom MDR hat es mir freundlicherweise dagelassen, obwohl ich ein Interview abgelehnt habe. So, wie es in diesem Papier steht, hat mir Erwin seine Militärzeit geschildert.

»Dabei weiß ich heute natürlich, wieviel Handlangerdienste ich den Nazis in meiner politischen Unklarheit geleistet habe. Ich stelle das mit Scham fest. Allerdings weiß ich auch, daß dauernde Scham lähmt.« – Das ist natürlich sehr allgemein ausgedrückt. Er wollte nach vorn blicken.

Und er konnte nichts abschütteln. »Meine Zugehörigkeit zu einem Nazi-Polizeibataillon wird besonders auf diesem exponierten Posten immer eine willkommene Angriffsfläche bieten«, schreibt er weiter. »Wahrscheinlich werde ich allein viel Kraft dazu verbrauchen müssen, solchen möglichen und durchaus berechtigten Anwürfen klärend und erklärend gegenüberzutreten. Ganz abgesehen von den eigenen Hemmungen.« Im ZK wurden, wie ich jetzt weiß, daraufhin Untersuchungen angestellt, aber sie ergaben nichts, was dagegen gesprochen hätte, ihn als Ersten Sekretär des Verbandes vorzusehen.

Wenn etwas über sein Bekenntnis Hinausgehendes gegen ihn vorgelegen hätte, wäre er für diesen Posten untragbar gewesen. Seine Vita ist doch damals sicher genauestens durchleuchtet worden?

Das denke ich. Und er hat von Anfang an keinerlei Befürchtungen gehabt, hat sich nicht zurückgezogen. Wie gesagt, wenn er etwas zu verbergen gehabt hätte, würde er sich wohl nicht mit seinem Namen in Saalfeld angemeldet haben. Er hätte nach Österreich gehen können zu der Frau, die dort auf ihn wartete.

Aber Tagebücher aus Kriegszeiten gibt es nicht?

Wir haben nichts gefunden. Ich denke, zu der Zeit, als wir zusammengekommen sind, hat er noch gar kein Tagebuch geführt. Das beginnt erst Juni 1954. Aber ich will dir sagen, dass ich jetzt, aufgrund der Diskussionen um Erwins Kriegszeit, meiner Lektorin und einem Historiker Vollmacht gegeben habe, in diversen Archiven Nachforschungen anzustellen. Vielleicht wird, wenn dieses Buch gedruckt ist, schon ein verlässliches Ergebnis vorliegen.

Wie reagieren deine Kinder auf die Vorwürfe?

Jakob fühlt sich wohl am meisten getroffen, weil der Vater für ihn so eine leuchtende Gestalt ist. Er hat ihn bewundert für seine Lebensleistung, seine Konsequenz. Erwin junior, der früher die meisten Schwierigkeiten mit dem Vater hatte, sieht das ruhiger, ordnet die Dinge in historische Zusammenhänge ein. Ilja kannst du selber fragen.

Ich glaube, dass generell nicht so detailliert über die eigene Beteiligung am Krieg gesprochen worden ist.

Das vermutest du richtig. Ich weiß das auch aus meiner Umgebung. Es stürzte so vieles auf einen ein. Man hatte wahrscheinlich gar nicht die Kraft zurückzublicken. Mir schien, als ich Erwin 1952 kennenlernte, spielte der Krieg in seinen Gedanken schon kaum eine Rolle mehr.

War das auch bei dir so?

Ich denke schon. Die einschneidend schmerzlichen Dinge – der Tod des Vaters, der Tod von Hansi –, hast du durch unser Gespräch erst wieder *hochgeholt* in mir. Eigentlich hätte man unausgesetzt über diesen Gräbern wachen müssen. Eigentlich war es ungerecht, die Gräber zuzuschütten, aber im Sinne des Lebens ging es nicht anders.

Aber du wusstest doch immer, dass etwas in ihm wühlte, dass er nie ganz mit sich im Reinen war?

Sicher wusste ich das. Schon in meinem ersten Brief an ihn habe ich geschrieben: »Ich weiß nur eines: daß Du traurig bist. Ich sehe Dich aber anders, in einer ganz anderen, möglichen Art.«

Du hast ihn gehalten. Du hast ihn geliebt.

Er hat mich so sehr gerührt durch seine Erscheinung. Durch seine Überzeugungskraft und seine Verletzlichkeit.

(Gespräch mit Ilja in der Küche)

Ilja: Ich weiß nur, wie betroffen meine Eltern waren, als ich mich, ohne mit ihnen zu sprechen, drei Jahre freiwillig zur Armee verpflichtet habe. Ich wollte Forstwirtschaft studieren und unabhängig vom Einkommen der Eltern ein Stipendium bekommen, mit dem ich auf eigenen Füßen stehen konnte. In der Pioniereinheit, in der ich war, habe ich schlimme Sachen erlebt. Was da ablief, ist geradezu militaristisch gewesen. Als glühender Kommunist und Sozialist hat mich das an eine Existenzgrenze gebracht. Als ich mit Vater darüber sprach, hat er gesagt: Worüber wunderst du dich? Die Vorzeichen sind zwar anders, aber die Methoden bleiben immer die gleichen. Ich kann nur bezeugen, wie er alles Kriegerische verabscheut hat. Nicht mal mit irgendwelchen Hölzern kämpfen durften wir in seiner Anwesenheit.

Aber das zeigt doch, dass die Wunde Krieg bei ihm überhaupt nicht verheilt war.

Ilja: Wie war es denn bei den amerikanischen Soldaten, die Vietnam erlebt haben? Viele waren nach Jahrzehnten noch traumatisiert. Und ebenso geht es jenen, die aus dem Irak-Krieg zurückkommen. Sie haben im Krieg ihre Moral aufgegeben, in gewisser Weise aufgehört, Mensch zu sein. Das ist doch bei den deutschen Männern nicht anders gewesen.

Bei denen hat aber niemand von einem Kriegstrauma gesprochen. Dass Deutschland einen Krieg begonnen und verloren hatte, fiel als Schuld auf jeden Einzelnen zurück. In diesem gesellschaftlichen Klima durfte kein Kriegsheimkehrer auf Mitgefühl hoffen.

Ilja: Man kann eigentlich nur sagen: Lobe und preise, wer in der Lage war, hinterher eine Frau in Liebe in den Arm zu nehmen, eine Familie zu haben und normal zu leben. Es ist wie bei einem Kind, dem Gewalt angetan worden ist: Das Schlimme wird unter einen Deckel getan. Wie viele Lebenskrisen und Depressionen, die der Vater hatte, fußen vielleicht auf dieser Zeit.

Was wir aber nur mutmaßen können.

Ilja: Strittmatter hat doch nicht darüber gesprochen – mit der Mutter nicht und mit uns Kindern sowieso nicht. Wenn er sich oben eingeschlossen hat und sozusagen in Kiefernstarre verfallen ist, was wissen wir denn, was wirklich in ihm abgegangen ist?

Gar nichts wissen wir im Grunde.

Ilja: Zumal er selbst nichts mehr erklären kann.

Und wenn er es könnte, würde es heißen: Ach, er rechtfertigt sich nur. Werner Liersch wirft ihm nicht vor, dass seine Truppe auf dem Balkan und in Griechenland in blutige Aktionen verwickelt war, er sagt nur, dass er zur Aufklärung dieser Verbrechen hätte beitragen können. Nur: Wer so was bezeugt, sieht sich doch selbst schnell auf der Anklagebank?

Ilja: Wie die Umwelt reagiert ist das eine. Aber auch für einen selbst ist es ungeheuer schwer, über die eigene Verstrickung in Verhältnisse zu sprechen. Da finde ich es treffend, wie Grass sein autobiografisches Buch »Beim Häuten der Zwiebel« genannt hat. Das heißt: Erst einmal hat er eine Lebensschale nach der anderen herumgepackt um diesen schmerzhaften Kern, zu dem er nur zurückkann, indem er die Zwiebel häutet. Was in ihm war, hat Grass doch nicht einen Tag vergessen können. Wenn er polemisierte oder moralisierte, hat er sich selbst gehört und beobachtet. Er hat gedacht: Ja, so ist es richtig. Und doch war er in dem schrecklichen Zwiespalt zu wissen, dass er auch dabei gewesen ist. Aber wer war eigentlich nicht mit dabei?

Das denke ich auch und frage mich doch, ob ich es mir damit nicht zu einfach mache. Wenn alle schuld sind, ist es keiner mehr. Dann ist man schnell bei der Feststellung, dass es eben damals so war, und schiebt die Toten beiseite. Sind alle Toten im gleichen Recht? Nein? Ich wache nachts auf und grübele.

Ilja: Es ist unlösbar. Und wenn es für uns schon so ist, die wir bloß theoretisch darüber nachdenken, wie muss es erst für ihn gewesen sein, der das alles erlebt hat. Was hätte er tun sollen? Ich kann mich erinnern, wie mir in der militärischen Grundausbildung beigebracht wurde, wofür man im Kriegsfall jederzeit zum Tode verurteilt werden kann: Befehlsverweigerung, Feigheit vor dem Feind und andere Gründe noch. Allein in den letzten Kriegstagen sind zwanzigtausend deutsche Soldaten von den eigenen Leuten umgebracht worden, um die sogenannte Wehrkraft zu erhalten. Strittmatter ist optisch relativ heil nach Hause gekommen. Was kann ich noch von ihm wollen? Ist Lebenserhaltung, um vielleicht noch in eine bessere Zeit zu kommen, nicht Verpflichtung des Menschen? Musste denn Strittmatter Märtyrer sein in der Zeit, als er noch so ein junger Kerl war und eigentlich voller Rosinen steckte? Musste er zum Märtyrer werden, für wen denn eigentlich?

Das ist eine Sicht, wie sie in Friedenszeiten wächst: dass ich verstehen will, indem ich mich in den anderen hineinversetze. Dieses Mitfühlen fehlt mir im Text von Werner Liersch. Ich sage nicht, dass er dazu nicht fähig wäre ...

Ilja: Was hat er davon, Vater so anzugreifen, frage ich mich.

Er meint, es sei ihm um die Wahrheit zu tun.

Ilja: Aber was ist diese Wahrheit? Dass Vater nicht das Recht hatte zu sein, wie er geworden ist?

Dass er sich als ein anderer darstellte, als er war.

Ilja: Wer war er? Was ich bei Vater schon als Kind gespürt habe, war diese vielschichtige Persönlichkeit. Dass er einerseits so verschlossen war und andererseits so voller aufbrausender Energie. Dass irgendwas in ihm brodelt und ihn runterzieht bis ins Tiefste. Manchmal, wenn er sich unbeobachtet wähnte, habe ich eine Traurigkeit in seinem Gesicht gesehen, die ich am liebsten gar nicht hätte wahrhaben wollen. Wie wund er aussah!

Wussten Sie, dass es nicht Ihr leiblicher Vater war?

Ilja: Erst mit vierzehn habe ich es erfahren. Es hat mich sehr getroffen. Trotzdem ist er der Vater für mich. Und ich sage, dass er uns zum Frieden erzogen hat. Das Schaudern vor jeder Gewalt und vor jedem Krieg ist in mir schon als Kind gewesen. Er hat mir Magnus Hirschfelds »Sittengeschichte des Weltkrieges« hingelegt, damit ich es lese. Ein unglaubliches Buch. Dieser jüdische Professor, der in Berlin gelehrt hat, wie ich später erfuhr, hat ein Standardwerk des Grauens verfasst, das immer noch gilt. Es hat uns doch alles in den letzten Jahren wieder eingeholt, auf dem Gebiet des einstigen Jugoslawien zum Beispiel: Massenerschießungen, Massenvergewaltigungen, Dörfer ausradieren. Hirschfeld schreibt speziell auch über die seelische Verkrüppelung der Menschen, die wiederkommen aus dem Krieg. Solche Bücher müsste man den Soldaten geben, bevor sie sich nach Afghanistan oder sonst wohin melden, damit sie sich nicht einbilden, sie könnten das unbeschadet überstehen. Man kommt aus dem Krieg, so man ihn überlebt, nicht wie von einem Spaziergang zurück.

Aber Sie haben sich auch zur Armee verpflichtet.

Ilja: Weil ich felsenfest überzeugt war, es wird keinen Krieg geben zu meiner Zeit.

Was ja stimmte.

Ilja: Und es war großartig, dass ich dadurch vollkommen finanziell unabhängig war.

Genauso ist es bei Strittmatter wohl auch gewesen. Er war froh, dass er Sold bekam, den er seiner Familie schicken konnte. Und nach dem Krieg, hat mir Ihre Mutter erzählt, kam ihm sogar für einen Moment der Gedanke, ob er nicht zur Kasernierten Volkspolizei gehen sollte. So viel zum Thema Ablehnung alles Militärischen.

Ilja: Das habe ich nicht gewusst. Unglaublich eigentlich bei einem, der völlig anders tickt. Aber so sind eben die menschlichen Wege. Verschlungen. Ich habe damals diese Lebensform hier gesehen und wollte auch versuchen, eine bürgerliche Existenz mit Hilfe der Forstwirtschaft zu erlangen. Dahinter steckte die Angst: Wirst du genug Kraft besitzen, künstlerisch bestehen zu können? Ich habe sehr viel gemalt, gezeichnet. Hubertus Giebe hat mir geraten, mich nach der Armeezeit an der Kunsthochschule Dresden zu bewerben. Vielleicht hätte ich sogar eine Chance gehabt. Doch ich wollte erst einmal etwas Sicheres und dachte, ich könnte in meiner knappen freien Zeit meine künstlerischen Neigungen ausleben. Wie sich zeigte, war der Beruf dann so was von aufbrauchend, dass ich einfach leer war abends und am Wochenende. Daraus reifte sieben Jahre später der Entschluss, komplett in das Künstler-Sein zu springen. Das hat Strittmatter, als er jung war, Dutzende Male gemacht: in eine Existenz rein, ausprobiert, raus aus der Existenz. Aber im Hinterkopf wusste er immer: Ich muss schreiben, ich muss schreiben, ich muss schreiben.

Und gewiss hatte er auch im Hinterkopf: Ich muss leben, muss leben, muss leben.

Ilja: Muss leben, muss die Kinder ernähren. Und immer wieder die Lust und immer wieder die Frauen und immer diese Verführungen. Und immer, wenn eine Familie da war und die Kinder brüllten, merkte er, wie er abgezogen war von dem, was er tun musste. Wie ist mir das inzwischen selbst nahe, je älter ich werde. Seit vielleicht zehn Jahren habe ich in der Werkstatt ein großes Plakat mit einem Spruch von ihm zu hängen: »Der Mensch begnügt sich nicht mit seinem Leben.« Ein guter Spruch auch für mich.

V

»Ich weiß, wie gesagt, dass es für *mich* keine
Zukunft, keine Auswege und Utopien gibt, daß
mein Leben gelebt ist. Aber ich ringe um die
Weltentzückung, aus der heraus ich schreiben kann.
Mit den Jahren verstand ich, was die Konstante
meines Lebens ist: Das Verhältnis zur Natur, die
Rührung über ihre Erscheinungen. Ich möchte
in meinen Gedichten den Tod nicht herrschen
lassen. Matti und Erwin sind mir gegenwärtig,
ich lebe mit ihren Gegenständen, ihrer Kleidung,
ich träume von ihnen in merkwürdigen Konstel-
lationen.«
(Eva Strittmatter, Klaus Trende: »Allein. Ein
Gespräch«, 1996)

*Wie hast du dich durch das Schreiben verändert, kannst du das
sagen?*

Ich habe eine innere Unabhängigkeit gewonnen, die sich auch
nach außen zeigt. Von Kindheit an war mir bewusst, dass
ich bestimmte Dinge leichter, besser, beständiger aufnehmen
konnte als andere um mich herum. Nur im Sport hatte ich
Schwierigkeiten. Gut war ich in Musik und im lauten Lesen.
Ich hatte ein Gespür für notwendige Zäsuren. Relativ zeitig
habe ich mir Bücher aus der Bibliothek geholt. Ich war eine
kleine pfiffige Person, ein Naseweis. Im Laufe der Jahre hat
sich dann immer stärker ausgeprägt, dass sich das, was ich
sehe, die äußere Erscheinung der Dinge, durch meine Ge-
fühlsbewegung in mir verankert hat. Dass ich auf die Außen-

welt mit meiner Existenz zu antworten vermochte – ob es der Winter ist, der Schnee, der Ginster, der Wacholder. Das geht in mich ein und ersteht in einer bestimmten Bildfügung neu. Ein faszinierender Vorgang, der Glück hervorruft. Zum Beispiel dieses Gedicht:

Januarabend

Es ist, als ist ein Klingen
In der Luft wie von silbernen Hämmern
Oder sehr fernen Schlittenschellen.
Der Schnee beginnt einzudämmern.
Er wird blau. Der Horizont
Wird gelb und transparent.
Himmel und Erde sind
Von keinem Glauben getrennt.
Rundum alles eins und Schöne.
Schneekristalliner Staub
Reibt reine Silbertöne
Von der Eiche gefrorenem Laub.

In »Poesie und andre Nebendinge« sprichst du von Dichtung als Gegenentwurf zur Welt. Ist da die eigene Person mit eingeschlossen? Empfindest du dich in der lyrischen Arbeit als eine andere?

Darüber habe ich bisher noch nicht nachgedacht. Aber jetzt, da du das sagst, scheint mir, du könntest recht damit haben. Ich habe mich doch – meiner Pfiffigkeit, von der ich eben sprach, zum Trotz – von klein an für unzulänglich gehalten. Dem Maß, das ich von mir selber hatte, genügte ich schon als Erscheinung nicht, weil ich von Kindheit an etwas Dickliches hatte. Es gab auch Phasen, als ich ganz dürr war als junges Mädchen, junge Frau, aber als Kind hieß ich »dicke Braun«. Das war eine permanente Verletzung. Hinzu kam die Armseligkeit in der Familie, die angefressen war durch das Trinken meines Vaters, durch die Angespanntheit meiner Mutter, die so viel arbeiten musste. Da war kein Überfluss an Liebe, da gab es überhaupt keine Fülle und Üppigkeit. Wie wir lebten, wie unsere Wohnung aussah, das war nichts, worauf ich hätte stolz sein können. Einmal, als ich vom Rad gestürzt war und mir mein Knie aufgeschlagen hatte, was sehr schmerzhaft war, durfte ich mich ins Bett legen und mein Bein ausruhen. Es war Nachmittag, das Licht fiel ins Zimmer. Ich habe gelesen und meine Mutter hat für mich Kakao gekocht. In einer rosa-weißen Kanne mit silbernem Deckel. Das war etwas Außerordentliches, dass meine Mutter Mitgefühl zeigte an meiner Situation und dass ich da liegen und lesen durfte.

Hast du dir vielleicht durch die Dichtung den Weg gebahnt zu deinem wirklichen, verborgenen Ich, das sich anders nicht hätte entfalten können?

Kann sein. Das Bedürfnis, geliebt zu werden, der Drang nach Liebe ist einer der stärksten Impulse, den der Mensch mitbekommt auf die Welt. Der Wunsch, bestätigt zu werden, ist von früh an da. Mir fällt gerade ein, als ich noch ganz klein war, jünger als Jakobs kleine Lilja, vielleicht drei, hatte ich von irgendjemandem Geld bekommen, zehn oder zwanzig Pfennige. Ich bin die ganze Prinzenstraße hinuntergewandert, über den Damm hinweg, in das kleine Tabakgeschäft gegangen und habe ein Zigarillo für meinen Vater gekauft. Da war ich so stolz auf mich, dass ich die Pfennige nicht für *Lutschereien* ausgegeben habe, und genoss es sehr, wie mein Vater mich lobte: Evchen ist auf dem Posten. Und ich darauf: Nicht, Papa, ich bin auf der Post. Mein erstes Gedicht habe ich auch an der Hand des Vaters gemacht. »Fräulein Tongtong hat ein Pongpong, geht sie weg, liegt er im Dreck.«

Wie alt warst du da?

Ach, noch ganz klein. Ich bin gehüpft, wie ich das häufig gemacht habe, und dabei habe ich dieses Verslein hervorgebracht. Mein Vater hat das bewundert: Hör mal, die kann schon dichten.

Vielleicht stand dieses Lob am Anfang von allem, wer weiß?

Kann man es wissen …

Du hast da so ein sehr schönes Gedicht geschrieben, in dem es heißt: »*Niemals gelingt mir das Gleichgewicht/ Zwischen Fühlen und Sagen./ Und es gelingt mir niemals, das Licht/ In Worte zu übertragen.*« *Aber meinst du nicht, dass dir mitunter gelungen ist?*

Davon bin ich überzeugt, allein dieses Gedicht bestätigt das ja.

Lichtvariation

Niemals gelingt mir das Gleichgewicht
Zwischen Fühlen und Sagen.
Und es gelingt mir niemals, das Licht
In Worte zu übertragen.
Manchmal ist außer mir so ein Schein
Von Verheißung und Bläue:
Wie eine Seidenschleife am Sein,
Verliehn für Lebenstreue.
Und heute war an den trüben Tag
Eine Spur von Rot gewendet,
Die auf drei kleinen Wolken lag,
Wie etwas, das nicht endet.
Als es endete, sah man den Abendstern,
Und der Abendstern lichterte rötlich
In der Einsamkeit des Hunds ohne Herrn
Und dem Menschen um und um tödlich.

Es ist doch nicht so, dass ich mir bewusst vornehme, ein Gedicht zu machen. Man kann es nicht so leicht erklären: Das kommt von irgendwo heran und wird ergriffen. Ich habe schon mal gesagt: Ein Gedicht ist ein im Raum befindlicher Klang. Eben habe ich in einem Rundbrief geschrieben: »Die Nachtigall schafft den Raum hier über mir.« Das empfinde ich so. Dieser Hallraum ist etwas Großartiges. Und in diesem Hallraum befinden sich auch die Dinge, die in mich hineinfallen können. Das Ganze ist wirklich rätselhaft, eigentlich gar nicht entschlüsselbar.

Aber es hat auch eine Kehrseite. In »Zwei Gedichte des Unmuts« aus dem Band »Zwiegespräch« sagst du: »Verkaufte ich nicht meinen Schatten, verlor im Spiegel mein Gesicht, die Unschuldstage, die wir hatten, veräußerte ich im Gedicht«. Heißt das, man setzt das bewusstlose Glück aufs Spiel, wenn man schreibt?

Na absolut tut man das! Es gibt ein Gedicht von mir, das Tadeusz Rozewicz liebte:

Glück II

Solange wir leben, streben wir
Nach dem Sättigungsgrad von Glück,
Bei dem wir verstummen.
Kehren die Worte zurück,
Sind wir schon aus der Woge heraus,
Die uns von uns befreit.
Spricht man das Glück mit Worten aus,
Ist es von uns schon weit
Entfernt. Wir suchen schon
Nach dem neuen Aufschwung ins Nichts.
Glück ist die Explosion von Zeit
An der Überfülle des Lichts.

Es gibt ja alle möglichen kleinen Glücksvorgänge, Glücksverheißungen und Glücksempfindungen, aber das richtige, riesige Glück, wenn man so im Einklang ist mit sich und der Welt, ist doch selten. Das gibt es einzig nur in der Liebe und im Verfertigen von Kunst. Nur in solchen absoluten Momenten.

Das Schreiben als etwas Beglückendes, stört es nicht auch manchmal eine mögliche Harmonie? Hast du dir mitunter gesagt: Ach ich sollte das einschränken und mich vor allem meinem Alltag widmen?

173

Ich verstehe gar nicht, wie du das so ahnen kannst: Etwas die Harmonie störendes – genau das ist es gewesen. Man hat auch oft dem anderen nicht verraten, wenn man dabei war, ein Gedicht zu machen. Für mich ist es selbst faszinierend, dass ich das konnte: Ich habe manchmal für zwölf Leute gekocht, ich hatte sie hier am Tisch sitzen und nebenbei die Kinder zu betreuen. Doch im Hinterkopf hatte ich ein Gedicht, an dem ich baute. Das lief sozusagen gegenläufig nebeneinander her, war natürlich eine Ablenkung vom Alltag. Und hatte auch mit dieser Unlieblichkeit zu tun. Wenn ich für Erwin angenehm sein sollte, musste ich so sein, wie er es mochte. Wie ich geredet habe, wie ich gegangen bin, was dabei abstrahlte auf ihn – ich kannte seine Erwartung und konnte mich darauf einstellen. Aber wenn ich besessen war, etwas zu schreiben, hat sich mir das in den Weg gestellt. Da hatte ich tatsächlich manchmal ein Schuldgefühl: Mein Gott, wie viel entziehst du ihm.

Nicht nur ihm. Nimmst du dir nicht auch selbst was weg an ganz normalem, unreflektiertem Leben?

Genau, das ist es. Es ist im Grunde der Verlust der Unschuld und das ständige Bemühen, die Unschuld zurückzugewinnen. Und das gelingt erst wieder auf einer bestimmten Höhe. Wenn du das Gefühl hast, da ist etwas *Absolutes* passiert, hast du auch deine Unschuld zurück. Das rechtfertigt dich vor deinem Gewissen, wenn du dir sagst: Es ist in sich etwas wert, nicht vor der äußeren Welt, sondern vor der Literatur, der Sprache ist es was wert.

Es gibt die Floskel: der Dichter im Elfenbeinturm. Die ist vielfach ablehnend gemeint. Aber ist es nicht doch eine andere Existenz mit Poesie als Lebenshaltung?

Absolut. Das kann keine Alltagsexistenz sein, keine politische Existenz wie die eines Funktionärs. Manchmal hieß es auch, Schriftsteller seien Arbeiter des Wortes. Es ist wahr: Anstrengung, Disziplin gehören dazu. Das ist aber nicht das Entscheidende. Damit ein Werk lebendig wird, bedarf es der Inspiration. Man lebt in ständiger Anspannung, von der man sich auch nicht ablenken lassen darf.

Abgehobenheit?

Braucht man, muss man sich erkämpfen. Glücklich die Dichter, die sich diese Möglichkeit verschaffen konnten, wie zum Beispiel Rilke. Dass er parasitär gelebt hätte, mögen triviale Köpfe denken, dass er sich immer an irgendwelche Adligen gehängt hat, weil er selbst nicht fähig war, seine Existenzmittel zu verdienen. Dabei war er in seiner Art ein enorm fleißiger Mann, der aufwendige Studien betrieb. Allein seine Rodin-Studien und die Briefe an seine Frau Clara sind phänomenal. Wie er als einer der ersten über Cézanne geschrieben hat, das ist unglaublich. Wie er in seinen »Aufzeichnungen des Malte Laurids Brigge« das Leben in Paris Ende des 19. Jahrhunderts beobachtet, wie er durch seinen Ich-Erzähler Malte seine eigene Situation durchdenkt, das ist mir ganz nahe. Immer wieder haben sich große Künstler durchkämpfen, manche regelrecht durchhungern müssen, weil ihre Arbeit eben etwas Besonderes ist.

Es fasziniert dich, wie man mit Worten Zeit anhalten kann. Das hast du mehrfach geschrieben. Eine Kultivierung des Augenblicks- empfindens?

Es ist ein großes Bedürfnis, die Zeit zum Stehen zu bringen, indem man eine Situation in Worte fasst. In Gedichten, aber auch in Prosa habe ich das versucht. Zum Beispiel im »Rundbrief zum Tode von Dušan Tomovski«, in dem ich mich an die alten Städte Struga und Orchid in Mazedonien erinnere. Wie wir aus der Hitze eintauchten in die Kühle von Klostergemäuern. Und wie ich im Blick einer Eidechse dieses Stillstehen von Zeit empfinde. Absichtsvoll, um mich gegen ihr *Vorbeirauschen* zu stemmen. Das hat etwas Unheimliches, mit dem Alter immer mehr. Aber nun irritiert mich das nicht mehr so. Mein Leben ist jetzt so *organisiert*, dass es sich durch Begegnungen mit Leuten *strukturiert*. Es gibt keine langen Strecken ungenutzter Zeit. In den frühen Jahren war das anders. Alle Kontakte gingen über Erwin. Ich habe ja schon dieses Gedicht zitiert »Keiner schreibt, keiner ruft an, ich bin vergessen, vergangen...«

Ich wünsche mir mitunter, ganz im Augenblick zu sein. Zwar geht es mir nicht so wie vielen, die vornehmlich in ihrer Vergangenheit leben. Aber mich zieht es immer von einem Moment zum nächsten. Das In-die-Zukunft-Denken ist mir angenehme Gewohnheit, doch es schmälert meine Gegenwart. Kennst du das auch?

Das hatte ich phasenweise, als ich noch Träume hatte: Wenn die Kinder einmal so weit wären, wenn ich ein entspannteres Verhältnis mit Erwin hätte, dann würde ich reisen. Ich wollte natürlich, wie die meisten, die ganze Welt sehen.

Aber die ganze Welt ist es nicht geworden?

Immerhin bin ich in die eine Richtung bis Mittelasien gekommen: nach Kasachstan mit seinen Farben, seinem Licht, der Hitze dort in der Steppe. Gegenpol war die gewaltige Lava-Landschaft von Reykjavik. Ich war 1987 mit Erwin dort, zu einem Kongress von Autoren aus den Meeresanrainerstaaten. Da haben wir Luise Rinser getroffen, die Erwin schon Jahre zuvor hochbegeistert zum »Wundertäter« geschrieben hatte, oder den französischen Autor Alain Robbe-Grillet, Vater des Nouveau Roman. Und Isabel Allende: Diese winzige Person hat sich so auf Erwin kapriziert, auf diesen rotbärtigen Deutschen, dass sie ganz entsetzt war, eine Frau an seiner Seite zu sehen. Sie hat dermaßen geflirtet und sich an ihn gehängt, diese Maus.

In seinem Island-Text, der im Band »Geschichten ohne Heimat« zu lesen ist, hat Erwin darüber aber nichts geschrieben.

War auch eher Nebensache angesichts dieses großen Erlebnisses Island. Er hatte sich sein Leben lang gewünscht, einmal dorthin zu kommen. Es war grandios, diese Insel zu sehen, wo Tausende von Pferden über die Hügel preschen. Und das Größte war, Halldór Laxness zu treffen, jenen Schriftsteller, der Erwin am tiefsten berührt hat, der für ihn der wichtigste Autor des 20. Jahrhunderts war. Das war zum Beispiel so ein Moment, als wir das Gefühl hatten, jetzt steht für uns die Zeit still. Ein erhebender Augenblick war auch, als wir in Reykjavik den Friedhof fanden, der in Laxness' Roman »Das Fischkonzert« Hauptschauplatz ist. Für mich ist das eines der herrlichsten Bücher der Weltliteratur.

In einem Rundbrief von 1978 steht ein Satz, der mich sehr trifft: »Es ist Zeit, laß die Hast.« Eine Selbstbeschwörung? Allerdings, wenn ich mich in Schulzenhof so umschaue, herrscht doch eine wunderbare Ruhe. Konntest du hier überhaupt in Hast sein?

Oh, durchaus. Das konnte sich steigern bis zu einem Nervenflattern. Dass ich nicht mehr wusste: Wo kann ich mich festhalten? Wie kann ich mich befreien? Das hat sozusagen von Erwin auf mich abgefärbt. Er war ganz krass davon befallen, von der Kindheit *verbogen*, wie er sagte. Von den häuslichen Verhältnissen, von den Verpflichtungen ist er so geprägt gewesen, dass ihn ständig ein schlechtes Gewissen zwickte, warum er dies oder jenes noch nicht getan hätte. Man gerät dann unwillkürlich in eine Hast hinein. Er kämpft in den Tagebüchern deshalb auch ständig mit sich. Eigentlich könnte er in Ruhe arbeiten, aber es gelingt ihm nicht. Da ist schon wieder Post aufgelaufen. Dies und das hat er versprochen. Dem quälenden Zustand der Unrast wollte er mittels chinesischer Philosophie entgegenwirken, auch mit seinem geliebten Emerson, seinem Thoreau und seinem Schopenhauer. Doch er kann sich in die Philosophie vertiefen, wie er will, immer wieder gerät er ins *Stolpern*. Die alten Leute hat er beneidet, die vor ihren Häusern saßen. Wenn wir vorbeifuhren, sagte er: »Rentner müsste man sein.« Da war er selbst schon lange Rentner.

Man hofft eben, die Hast sei einem nur von außen auferlegt ...

Dabei weiß man genau: Sie kommt aus einem selbst. In sich selber Ruhe zu finden, sozusagen die Leine zu lockern, das ist für fähige, zielstrebige Menschen eine hohe Kunst, schwer zu erreichen.

Hast du einen Rat, wie man das macht?

Tja, man kriegt diese Hast meistens los, wenn man etwas Gegenläufiges tut. Wenn man konzentriert war aufs Lesen oder aufs Schreiben, sollte man sich sagen: Jetzt gehe ich einfach mal raus, lasse mich vom Wind durchwehen. Das hilft, die Nerven neu zu striegeln. Bei mir war es am schlimmsten, wenn eine Reise anstand. Da bin ich schon mal in Wut geraten auf mich selber, dass ich mir so was auferlegt habe. In Verkennung meiner *Bedürfnisse*, die eigentlich auf Ruhe gerichtet waren. Wenn Erwin und die Kinder zu Hause blieben, musste ja so viel vorbereitet werden. Das Reisen war schwer erkauft: mit Vorkochen, mit Wäsche präparieren, alles bereit machen, dass die Kinder genug anzuziehen hatten, und das auch eingekauft war. Zunächst hatten wir noch nicht mal einen Kühlschrank. Die Vorräte mussten im Keller gelagert werden, geschützt gegen Fliegen. Und nicht selten ist doch etwas verdorben.

Was mich in deinen Gedichten mitunter gewundert hat: Warum hat die Vergänglichkeit schon in einem Alter bei dir eine Rolle gespielt, in dem Menschen normalerweise noch gar nicht darüber nachdenken?

Ja, frag mich wieso. Wie lange war ich eigentlich im Einverständnis mit mir, der Welt und den Menschen um mich herum? Wie lange waren die fraglos für mich? Am sichersten habe ich mich wahrscheinlich bei meinen Großeltern auf dem Lande gefühlt, die wir, mein Bruder und ich, Mutter und Vater nannten. Die Eltern meiner Mutter – ihr Haus hatte so eine Ausstrahlung von Wärme und Lebenssicherheit. Das stärkste Glücksgefühl meiner Kindheit hatte ich im Bett meiner Großmutter, dort in Frankendorf. An der Wand war eine tiefrote Tapete mit blauen Ornamenten, und es hing eine Schnur mit Quaste an einem beweglichen Haken. Da durfte ich nicht dran ziehen. Heimlich habe ich es doch getan. Dann klickte es, und die Lampe ging an. Das haben auch Erwin junior und Ilja noch kennengelernt. Der Großvater ist drei Wochen vor Mattis Geburt gestorben. Dabei hatte er so darauf gewartet. Meine geliebte Großmutter Adlerauge hat dann noch fast sechs Jahre gelebt …

Nochmal zu diesem Gefühl der Vergänglichkeit: Wie konnte es sein, dass du in »Mai in Piešťany« von beginnender Vergreisung schriebst, als du noch nicht mal Mitte fünfzig warst?

Ich habe, ob in Gedichten oder Prosa, immer wieder naturwissenschaftliche Erkenntnisse verarbeitet. Und da heißt es eben ganz rigoros: Ab Ende dreißig Beginn der Vergreisung. Mein Gott, dachte ich da. Es wird auch eine Rolle gespielt haben, dass ich schon sehr früh mit dem Tod in Berührung gekommen bin. Der Tod meines Vaters, als ich vierzehn war, dieser wahnsinnige Schmerz, und dann ein dreiviertel Jahr später der Tod meines ersten Freundes – das waren zermalmende Erlebnisse. Da hatte ich das Gefühl, das Leben ist für mich vorbei. Das Schlimme ist doch auch, dass nichts mehr gut gemacht werden kann. Vor dem Tod von Erwins Mutter habe ich diesen Vierzeiler geschrieben:

Schuld II

Wenn uns wer sterben will, schreckt uns,
Wie Leben sich in Schmerz verwandelt.
Wie es auch war: wir sind in Schuld.
Und nun wird nichts mehr abgehandelt.

War Erwin oft krank?

Er hatte keine stabile Gesundheit, aber eine starke Selbstbeherrschung.

Und du, kann ich mir denken, wolltest dir neben ihm schon gar nicht leisten, krank zu sein.

Natürlich zum Schaden für mein Herz habe ich Fibrex geschluckt, wenn die Kinder Infektionen aus der Schule mitbrachten. Na ja, sonst noch Nierenentzündungen, Venenentzündungen im Zusammenhang mit den Schwangerschaften. Aber das habe ich immer irgendwie bezwungen, weil ich mir gesagt habe: Ich darf um Gottes Willen die häusliche Sicherheit nicht gefährden. Erwin braucht mich. Die Wärme eines Ofens, den man Liebe nennt, heißt es bei ihm. Er hat zwar immer behauptet, dass er alles kann – backen, er ist ja Bäcker, kochen. Er kann das, aber er will es nicht. Denn wenn er das erst mal anfängt, muss er es immer machen.

Du sagst in »Poesie und andre Nebendinge«, der Vorteil am Altern sei, dass man furchtloser werde. Inwiefern?

Mir jedenfalls geht es so. Was das Auftreten in der Welt, das Beurteilt-Werden betrifft, bin ich furchtloser geworden. Ich war ja zunächst so schüchtern, war nicht imstande, einen Raum alleine zu betreten. Mindestens zweimal ist es mir passiert, dass ich zu einer Versammlung des Schriftstellerverbands nach Berlin fuhr, mich aber verspätete und es nicht fertig bekam, die Tür zu öffnen und unter aller Augen mir einen Platz zu suchen – von allen *angeglotzt* mit der Frage, wieso kommt die jetzt erst hier an. Da habe ich mich auf dem Absatz umgedreht, bin in meine Wohnung, habe heiß gebadet, saubergemacht, und am nächsten Tag bin ich nach Schulzenhof zurückgefahren. Oder dass ich es nicht über mich brachte, allein in ein Restaurant zu gehen, wenn ich unterwegs war. Doch mit den Jahren gewann ich das Selbstbewusstsein zu sagen: Ich bin, die ich bin.

Möchte nicht wissen, wie vielen es so geht, nur dass es die wenigsten auszusprechen wagen. Da spüre ich in deinen Gedichten immer wieder, wie mit dem Bekennen allein schon eine Befreiung beginnt.

Ich habe wahrscheinlich von Anfang an ein Bedürfnis nach Bejahung gehabt. Es gibt auch Dichter, die rein aus dem Jammer, der Depression, der Verneinung heraus leben und schreiben. Aber das war nicht mein Weg, obwohl ich oft genug Anfechtungen hatte. Eigentlich hatte ich immer das Bedürfnis, zu widerstehen und diese Kraft in mir zu befestigen, indem ich sie bezeuge. Einen Kernsatz für mein Leben habe ich als Studentin in einer Vorlesung aufgenommen, sei es über Faust oder über Philosophie, es ist ein Bibelzitat: »... und bringen ihre Tage hin wie ein Geschwätz.« Das wirkte auf mich wie ein Signal. Ich wusste: Das will ich von mir nicht sagen müssen. Ein anderer für mich so elementarer Satz hat mich im Krankenhaus Friedrichshain getroffen, wo ich mit dieser *Interruptio* lag. Da habe ich eine Rundfunksendung gehört, in der es um Bibelübersetzungen ging. »Liebe deinen Nächsten wie dich selbst«, heißt es in der Luther-Bibel. Aber der Ursprungstext aus dem Alten Testament ist anders, stärker: »Liebe deinen Nächsten. Er ist wie du.« Ein dritter denkwürdiger Satz stammt aus Goethes »Wahlverwandtschaften«: »Wünsche dir die Augen nicht zu scharf, denn wenn du die Toten in der Erde erst siehst, siehst du die Blumen nicht mehr.« Ich habe das variiert in einem Gedicht aus »Der Winter nach der schlimmen Liebe«:

ALLE VERANTWORTUNG LOSZUWERDEN
Und ohne allzu viele Beschwerden
Die Tage des Alters hinzubringen,
Umgeben von den gealterten Dingen,
Die jung unser jüngeres Leben umgaben,
Nicht die Vergangenheit umzugraben
Und nichts zu hoffen, das wäre weise.
Einfach nur leben, verborgen und leise,
Mit der Gewißheit, es wird nichts geschehen,
Ich werde auf Erden nichts Neues mehr sehen.
Glaube und Hoffnung sind hingeschwunden,
Und ist die Liebe noch überwunden,
Werde ich ganz in mir genesen ...

Sie aber ist das *Größte* gewesen.

Manchmal frage ich mich, ob das Altern vielleicht ein Kunststück ist, auf das man sich das ganze Leben vorbereitet.

Da hast du recht. Nur ist es eben nicht so, wie man mitunter dachte, dass man im Alter viel mehr Zeit hätte für Dinge, zu denen man früher nicht kam. Die Zeit wird absolut kürzer, weil man nicht mehr so lange zu leben hat. Auch die Substanz der Tage vergrößert sich nicht, im Gegenteil. Morgens und abends kommen Pflegerinnen zu mir. Nach meinen Beinbrüchen trainiert ein Ergotherapeut mit mir das Laufen; eine Physiotherapeutin behandelt mich mit Ultraschall und Massage. Die Tage sind schon irgendwie in sich selbst geschrumpft. Es ist die Kunst, sich darauf einzustellen, dass man sich doch mit einer gewissen Gelassenheit in den Tag hineinfallen lässt, dass man die Hast abschüttelt, obwohl man weiß, dass die Zeit so begrenzt ist. Dass man sich so verhält, als hätte man noch alle Möglichkeiten. Dieses Freiheitsgefühl gegenüber der Zeit und gegenüber dem Leben – es schien mir schon fast verloren. Umso glücklicher bin ich, dass ich es jetzt wiedergewinne. Ich hatte zwischendurch Phasen in den letzten zehn, zwanzig Jahren, als ich so erschlafft war, dass ich dachte, ich habe zu gar nichts mehr Kraft. Inzwischen habe ich das überwunden und lebe im Vollgefühl, dass ich noch was kann. Seit Herbst vergangenen Jahres, seitdem ich jeden Tag wieder hinauskomme ins Freie zu den Bäumen und zum Gras und zu den Vögeln. Das ist so schön, das ist eine solche Erhebung.

Weil du den Augenblick jetzt stärker zu würdigen weißt?

Ja, wirklich zu leben. Ich genieße es sehr, wenn Henry mich jeden Tag mit dem Rollstuhl nach draußen fährt. Mit einem so großen Gefühl blicke ich in die Wipfel der Riesenbäume, die ich seit fast sechzig Jahren kenne. Birken, Kiefern, Erlen, Weiden – alle ganz verschieden ausgeformt. Und Henry kennt sich auch gut mit Pflanzen aus.

Natur in ihrem Werden und Vergehen als etwas Tröstliches?

182

Ja, genau.

Erwin hat von Verwandlung gesprochen. Half ihm das gegen die Vorstellung vom Lebensende?

Aber Trost war es für ihn nicht. Er hat trotzdem gehadert und tief getrauert über das Schwinden seiner Kraft, darüber, dass er die beiden Pferde verlassen muss, dass er weggehen wird und alles wird hierbleiben.

War es in seinen letzten Jahren, dass Erwin sich zunehmend mit Esoterik beschäftigte?

Was denkst du! Das hat für ihn schon in den zwanziger Jahren begonnen.

Aber das ist nur zum Teil in seine Bücher eingeflossen. Kann man sagen, dass es eine eigene geheime Welt für ihn war?

In seinem Band »Vor der Verwandlung« kommt es natürlich zum Ausdruck. Er hat sich schon über Jahre mit dem Taoismus beschäftigt. Dabei hat ihn der japanische Taoismus noch mehr angeregt als Laotse. Auch Seneca, Mark Aurel, Tagore spielten für ihn eine Rolle. Oder einige Physiker, denen das streng naturwissenschaftliche Weltbild zu eng war. Das hat ihn fasziniert. Er hat mir natürlich anempfohlen, bestimmte Sachen zu lesen. Doch das war mir zu nebulös. Ich habe immer gesagt: Ich bin so nüchtern wie Brot. Ich habe keine Neigung zu *Höherem*.

Vielleicht hättest du sie, wenn Erwin die Rolle des Nüchternen übernommen hätte? Ist das nicht oft so in einer Ehe, dass man, weil man einander ergänzen will, unwillkürlich den Gegenpart spielt?

Kann schon sein. Aber *Exaltiertheit* konnte ich nun mal nicht leiden.

Bei Erwin war es doch wahrscheinlich so, dass seinem tiefen, um-
fassenden Weltempfinden ein einfacher Materialismus zu eng war.
Um auf den Begriff »Verwandlung« zurückzukommen: Hoffte er
tatsächlich, dass er nicht gänzlich sterben würde?

Davon war er überzeugt. Er hat nicht gesagt: Ich werde mit
meinen zwei Beinen und zwei Armen und meinem Kopf im
Paradies auftauchen. Er hat vermieden, das zu *konkretisieren*.
Aber er hatte dieses Gefühl, das viele kennen: Es kann nicht
sein, dass die Ausprägung meiner selbst letztlich zu nichts
nutze war. Dass alles erlöschen soll mit dem Ersterben des
Atems. Da muss es doch einen Impuls geben, der fortbesteht.

Glaubst du auch daran?

An diesem Punkt waren wir absolut konträr in unserer Haltung. Erwin war überzeugt: Er wird weiterexistieren, in welcher Form auch immer. So schön das ist, ich kann es mir
eben nicht vorstellen. Da würde mir sogar noch der kindhafte
Glaube an die Auferstehung plausibler sein als diese mystische
Vorstellung von einem Weltganzen, die sich immer wieder in
der Geschichte und Literatur, etwa bei Goethe, findet, dass
die Natur sozusagen als Gottheit alles in sich einarbeitet und
am Leben erhält. Dabei ist es eigentlich viel trauriger, ganz
materialistisch zu denken. Aber, sage ich mir, wie sollen denn
all diese Leute weiterexistieren? Als Geistwesen? Sollen sie die
Sterne bevölkern oder unsichtbar als Engel in himmelblauen
Unterhosen durch die Gegend schweben? Es bleibt mir nichts
übrig, ich muss mich darüber beruhigen, dass in dem Moment, wenn ich aufhöre zu atmen, auch meine Existenz vorbei
ist. Ich werde einigen Schatten werfen oder einiges Licht für
eine Zeit mit meinen Worten, mit meinen Gedichten. Irgendwas wird noch leuchten.

Bist du eigentlich religiös erzogen?

Überhaupt nicht. Ein einziges Mal zu Weihnachten sind wir in
die Kirche gegangen. Als halbwüchsiges Mädchen gab es mal

184

eine Zeit, dass mich der Glaube angerührt hat. Doch wenn ich glauben wollte, dann müsste es die Überfigur des großen Vaters sein, desjenigen, der alles überschaut und mit seiner Güte richtet. Denn was mich am meisten stört in der Entwicklungsgeschichte der Kirche: dass sie den Menschen aufzwingt, den lieben Gott fast noch alttestamentarisch als zürnenden Gott zu verstehen, dem man mit Taten wohlgefällig sein und vor dem man Angst haben muss, wenn man seinen Forderungen nicht genügt. Man hat immer darauf zu achten, dass man sich richtig verhält, sein ganzes Leben lang, und selbst dann ist nicht sicher, ob er einen nicht doch in die Hölle schmeißt. Diese schrecklichen Vorstellungen, die irgendwann im Mittelalter produziert worden sind, wurden über die Jahrhunderte immer wieder aufgebrüht, entgegen aller geistigen und humanitären Entwicklung. Also, wenn schon, dann ein lieber Gott. Es sitzt sehr tief in einem, dass man sich so eine Vaterfigur wünscht. Bei bestimmten Flügen, wenn mich die Angst gepackt hat, bin ich schon mal nahe am Beten gewesen. Aber Erwins Vorstellung von der Verwandlung, das war seine Überzeugung.

Habt ihr darüber gesprochen?

Ja sicher. Schon als ich ihn kennenlernte, hat er an diese Verwandlung geglaubt.

Hat er sich vor seinem Tode noch von euch verabschieden können?

Es war Kunst in reinster Form, die sich da bei uns ereignete, in der größten Verdichtung von Leben und von Wort. Wir haben doch die ganze Zeit mit Vehemenz dagegengeredet, dass er todkrank ist.

Und er?

Er hat zu mir gesagt: Ich würde Henry behalten. Und: Es ist noch eine halbe Kassette im Gerät; lass sie noch abschreiben.

Zu Jakob hat er gesagt: Vergesst nicht Mutters Geburtstag. Weil er mir nämlich jedes Jahr zwei oder drei Blumensträuße gebracht hat zum Geburtstag. Das war sozusagen das gedachte Ende. Ein anderes Resümee hatte er schon längst vorher gezogen mit dieser Äußerung in Piešťany: Was ich dir bloß alles angetan habe in meinem Leben!

Wie war sein Tod?

Wir haben ihn ja nicht ins Krankenhaus gebracht, er wollte keinesfalls eine Krebstherapie haben. Ich erwähnte schon: Es wurde überhaupt nicht ausgesprochen, dass es Krebs ist, Lungenkrebs. Und er hat sozusagen Gnade vom Herrn erfahren, kann man wirklich sagen. Für diese schwere Krankheit hatte er einen leichten Tod. Er hat zwar gelitten in den letzten Tagen, aber es waren keine sehr starken Schmerzen. Es ist nicht zum Äußersten mit Erstickung und Blutsturz gekommen, was meine Frau Doktor Schneider angekündigt hatte. Ich hatte große Angst die letzte Zeit, habe Badetücher bereitgelegt, falls es passiert. Und was noch schlimm war: In der »BZ am Abend« erschienen mehrmals hintereinander auf den Titelseiten Schlagzeilen über Mattis Tod. Dass Erwin davon so getroffen und auch bald am Ende sei.

Musstest du mit all dem ganz allein fertig werden?

Die letzten Tage haben Jakob und Henry mit mir gewacht. Vorher war ich mit ihm alleine, habe unten gesessen und die Treppe hinaufgeschaut, ob er Licht angeschaltet hat. Wenn Licht war, bin ich hochgegangen, ob es nachts um drei war oder sonst wann, und habe geguckt, ob alles in Ordnung ist, ob er noch etwas braucht. Eines Nachts war es schrecklich: Er wollte austreten, war aber schon so schwach, dass er hingestürzt ist neben seinem Bett. Wie ein großes hölzernes Insekt lag er da, die Beine bewegten sich, er versuchte sich zu drehen und aufzurichten, aber das konnte er nicht allein. Ich habe mit ihm versucht, ihn hochzubringen. Ist mir aber nicht gelungen. Also habe ich Henry herausgeklingelt aus seinem Zimmer im alten Haus. Der hat ihn mit mir zusammen wieder ins Bett gelegt. Dass er Wasser verloren hatte, was sonst nie geschah, war ihm so peinlich. Schrecklich war es für ihn, dass ich mit dem Eimer rumlief und aufgewischt habe, dass wir ihn umziehen mussten. Er hatte ein so großes Ehrgefühl. Wenn das öfter passiert wäre, es hätte ihn zerbrochen. Sich und seine Organe hat er beherrscht bis zum Schluss. Er konnte nur schwer die Treppe hochgehen, denn er war sehr kraftlos geworden. Aber er ist jeden Tag noch nach unten gekommen zu mir, hat im Sessel gesessen beim Fernsehen. Beim Hochgehen habe ich ihn von hinten geschoben, und er hat sich mit beiden Händen am Geländer festgehalten. Wenn er dann oben war, hat er sich in seinen Arbeitssessel fallen lassen und erst mal aufgeatmet. Keinen Moment war er ein Kranker, bei dem man sich überwinden musste, ihn zu pflegen. Und er war dankbar, hat gewürdigt, dass man so *gut zu ihm* ist.

Dann aber war Jakob bei dir …

Er ist Freitagabend gekommen, und Montagmittag ist Erwin gestorben.

Und als es geschehen war, warst du wie erstarrt oder war es ein Weinen und Schreien für dich?

Ich war schon so erschöpft – wir hatten nächtelang gewacht – und dann diese Endgültigkeit. Das Seltsame ist ja: Du hast nicht gelernt, damit umzugehen. Du weißt nicht mal, was sachlich zu tun ist. Wie lange du den Verstorbenen im Haus behalten kannst, zum Beispiel. Unsere Frau Dr. Schneider ist gekommen, hat den Totenschein ausgestellt und gleich veranlasst, dass der Bestatter kam. Es waren vielleicht zwei Stunden, dass Erwin tot war, da wurde er schon weggebracht. Und ich dachte, das muss so sein.

Aber du hättest gern noch bei ihm gesessen?

Ja, obwohl, es begannen schon am Hals lila Flecken zu erscheinen, was natürlich schaurig war. Ich bin in mein Zimmer, und es hat mich fast zerrissen vom Weinen. Diese Aussichtslosigkeit, dieses Absolute des Sterbens. Ich hab mich nicht gekümmert, ich wusste auch gar nicht, was zu machen ist. Jakob hat ihn angekleidet. Er lag ja im Nachthemd im Bett. Musst du dir mal vorstellen, der Junge: Er hat ihm seine weißen Maurerlatzhosen angezogen, die er am liebsten getragen hat, und eines seiner weißen Männerhemden mit dem Kragenknopf und den Biesen und hat ihm seine weiße Tolstoi-Mütze aufgesetzt. Und weiße Schafwollsocken hat er ihm übergestreift. Die hat Erwin gemocht; eine Leserin hatte sie ihm gestrickt. Seinen schönsten arabischen Pferdehalfter hat er ihm mitgegeben. Und sein Taschenbuch hat er ihm in die Brusttasche gesteckt, dorthin, wo er es immer hatte.

Und mit Erwin Junior fand kein Treffen, keine Versöhnung mehr statt?

Nein. Da hat es schon seit der Pubertät einen Bruch gegeben, seit er in der elften Klasse die Schule *geschmissen* hat. Jetzt versteht er, warum sein Vater damals so heftig reagierte. Es war eine Analogie, denn Erwin hatte auch das Gymnasium auf Nimmerwiedersehen verlassen. Er hat den Lehrer geohrfeigt, weil er das Mädchen umworben hat, in das er verliebt war. So hat er es jedenfalls erzählt.

Hast du jetzt oft Kontakt zu deinem Sohn Erwin?

Natürlich. Mindestens jeden zweiten Tag ruft er an. Und er kommt auch.

Aber er hat einen anderen Nachnamen, er heißt nicht mehr Strittmatter?

Doch. Erwin Berner ist nur ein Pseudonym für seinen Beruf. Er heißt nach wie vor Erwin Strittmatter.

Wie kam er auf Berner?

188

Das ist der Name meiner Großeltern mütterlicherseits, schon als Neunzehnjähriger hat er ihn angenommen, Horst Drinda hatte ihm dazu geraten. Mit dem hat er seinen ersten Film gemacht.

Hat das Sterben eures Sohnes Matti Erwin nicht doch die letzte Kraft entzogen?

Das weiß ich nicht, ob es so war. Er hatte sich innerlich ein Schutzschild dagegen aufgebaut. Das lag in seiner Natur. Was da passierte mit dem Sohn, war über drei Jahre hinweg vorauszusehen. Wir haben ja Mattis Entscheidung respektiert, dass er keine Transplantation wollte.

Es wurde ihm eine Herztransplantation angetragen, und er hat das abgelehnt?

Er wollte nicht sein Leben dem Tod eines anderen Menschen verdanken. Das hat Erwin natürlich beeindruckt. Und er hatte sich schon in gewisser Weise immunisiert dagegen, um seine Arbeitskraft zu erhalten. Er wollte nicht, dass ihn das wegschwemmt. Die letzten zwei Jahre waren regelrecht vernichtend: die Krankheit meiner Mutter, seine Krankheit, Mattis Krankheit. Mit den Kräften, die er erübrigen konnte, hat er ein Schutzschild errichtet. Aber die innere Krankheit war eben stärker.

Willst du etwas von Matti erzählen?

Der war um Erwin herum von klein an, hat sich so angenehm gemacht im täglichen Leben, war so verständig. Ganz bezaubernd in seinem Naturell, er war ein so reizendes Kind, so witzig. Schon beizeiten hat er so viel gewusst und entsprechend reagiert. Das hat Erwin sehr amüsiert. So wie ich jetzt mit Lilja bin – was hat mir dieses Kind schon Vergnügen gemacht – so war Erwin mit dem kleinen Matti.

Was hat Matti später gemacht?

Hatte ich dir erzählt, dass er eigentlich Förster war? Schon zu DDR-Zeiten hat er sich eine Gewerbeerlaubnis verschafft für Reparaturen und Holztransporte, für Kleinstarbeiten, mit denen sich größere Firmen nicht befassen wollten. Am 9. November 1989, am Tag des Mauerfalls, wie der Zufall so spielt, hat er mit seiner Frau ein Bauernhaus hinter Parchim bezogen, das ihm sehr gefallen hat. Sie haben es sich ausgebaut mit Pferdestallungen, weil Marina schon ein oder zwei Pferde hatte.

Sollte das ein Reiterhof werden?

Seine Frau hatte wohl so eine Idee. Er wollte einen lockeren Beruf haben, ein leichteres Leben.

Hat er schon lange gewusst, dass er herzkrank war?

Das war schon seit der Musterung für die Armee bekannt. Aber er wurde trotzdem eingezogen. Als er eine schwere Angina bekam, hat man ihn zunächst nicht mal krankgeschrieben. Erst, als er vierzig Grad Fieber hatte und kaum noch atmen konnte, wurde er aufs Revier verlegt. Erwin und ich haben ihn dort besucht. Schließlich haben wir ihn mit großer Bemühung rausgekriegt aus der Armee – über den Schriftstellerverband und die Kulturabteilung des ZK. Ursula Ragwitz hat sich in Gang gesetzt zu Kurt Hager, und der ist zu Armeegeneral Heinz Hoffmann. Aber es hat noch Monate gedauert, bis Matti rauskam. Wir haben die Gelegenheit genutzt, ihn wieder nach Schulzenhof zu holen. Er war dann noch mal zweieinhalb Jahre bei uns, hat die Wirtschaft und die Pferde betreut. Als Marina, seine spätere Frau, auftauchte, ist er weggegangen.

Da war die Herzkrankheit aber noch nicht wirklich ausgebrochen?

Er war doch der Kraftmensch der Familie: untersetzte Figur, starke Beine, breite Schultern, ganz anders als Erwin und Ilja, die beide groß und schlank sind. Jedenfalls hat er auf seinem

Grundstück hinter Parchim mächtig gewirtschaftet und gewirkt. Dabei hat er sich erkältet, irgendwie infiziert, es war
Herbst, und nicht darauf geachtet, wie das häufig ist. Da hatte
er plötzlich das Gefühl: Er ist wie mit Watte ausgefüllt, hat
keine Kraft mehr, die Beine versagen ihm. Daraufhin ist er
zum Arzt gegangen, wurde zu Untersuchungen ins Krankenhaus nach Parchim geschickt und von da in die Sankt-Huber-
tus-Klinik nach Westberlin. Die haben ihn dann ins Herzzen-
trum der Charité verlegt. Dort stellten sie fest: Er hat ein stark
vergrößertes Herz. Zu einer Transplantation gäbe es keine
Alternative. Er sei ja im Übrigen ein gesunder Mensch von
dreißig Jahren. Es würde schon Sinn haben.

*Und ihr habt ihm nicht die Furcht vor einer Transplantation aus-
geredet?*

Wer weiß denn, was richtig ist? Wir haben gesagt: Du musst
entscheiden, wie du es fühlst, wie du es willst. Er wollte so
bald wie möglich nach Hause zurück. Er schafft das alleine,
meinte er, es wird schon wieder gehen.

Wie lange hat er danach noch gelebt?

Drei Jahre nach dieser Diagnose.

War er die ganze Zeit im Krankenhaus?

Eben nicht. Er ist sofort zurück nach Parchim, hat seinen
Betrieb weitergeführt, mit seinen Maurern eine Hamburger
Speicheranlage ausgebaut. Er wurde auch behandelt mit Ei-
genblutinjektionen, eine Therapie, die ich bezahlt habe, obwohl ich nichts davon hielt. Das erste Jahr nach der Diagnose
hatten sich seine Werte verbessert. Aber im letzten Jahr war er
schon sehr angegriffen. Phasenweise musste er ins Krankenhaus, wo man ihm Wasser entzogen hat, weil er immer so auf-
geschwemmt war. Im letzten Lebensjahr hatte er sogar schon
Wasser in der Lunge. Es war herzzerreißend, diesen Jungen
zu sehen, der ganz und gar seine Form verlor. Wenn sie ihm

zwanzig oder dreißig Liter Wasser rausgeholt hatten, war er wieder schlank und kriegte sein eigenes Gesicht wieder.

Wusstest du, dass er sterben würde?

Man musste es fürchten, aber es war wohl doch etwas, was ich nicht wahrhaben wollte. Ich bin jeden Sonnabend, meist mit Jakob, nach Parchim ins Krankenhaus oder, wenn er zu Hause war, auf sein Dorf gefahren. Wenn wir zurückkamen, waren wir, je nachdem, wie er sich gerade befunden hatte, heiter oder bedrückt. Ende 1993 hatte man ihm wieder zwanzig Liter Wasser entzogen. Er hatte über Weihnachten Urlaub und keine Verpflichtung, wieder ins Krankenhaus zu gehen. Aber er wollte noch mal zehn Liter Wasser verlieren. Er hat sich Ende Dezember von mir verabschiedet, hat gesagt, morgen geht es wieder los ins Krankenhaus, war also ganz gelöst. Zwischendurch haben wir noch mal telefoniert. Und am 6. Januar nach dem Abendessen und nach einem Gespräch mit seinem Zimmernachbarn ist er eingeschlafen.

Ob er es selbst vorausspürte?

Wie gesagt, er war ganz zuversichtlich, als er sich ins Krankenhaus verabschiedete. Aber ich sehe ihn noch vor mir in seinem letzten Jahr. Da saß er auf dem Krankenbett in Parchim, wo ich ihn mit Ilja besuchte, und die Tränen liefen ihm hinter der Brille hervor: Nur Blödsinn habe ich in meinem Leben gemacht, sagte er, ich habe nicht mal Kinder. Mit seinem Betrieb steckte er in der Schuldenfalle. Rechnungen wurden ihm nicht bezahlt, und die Bank hob seine Kredite auf achtzehn Prozent Zinsen. Er hatte Angst, alles zu verlieren. Unter einer Brücke würde er nächtigen müssen, meinte er.

Aber das war doch völliger Unsinn?

Natürlich. Jederzeit könne er mit seiner Frau nach Schulzenhof kommen. Das ist doch euer Zuhause, habe ich gesagt. Das Wichtigste ist, dass du leben bleibst. Und was glaubst du, all diese fast fünfzehn Jahre seitdem habe ich diese Träume. Letzte Nacht wieder: Es war eine ganz schwierige Situation. Es war Krieg. Und plötzlich, in all dieser Wirrnis, war Matti da. Er war gar nicht gestorben.

Oh, solche Träume kenne ich auch. Ich wünsche sie mir geradezu: die einzige Möglichkeit, einen Toten lebendig zu sehen.

Du kennst das ja mit deinem Sohn. Diese Freude im Schlaf: Mein Gott, es ist ein Irrtum, er lebt noch! Wo war er denn die ganze Zeit? Zwar fahren da Panzer auf, und irgendwo habe ich meine Taschen verloren, habe weder Ausweise noch Geld. Doch da, inmitten dieser Katastrophe, taucht Matti auf. Was für ein Glück! Aber es gibt auch andere Träume. Zum Beispiel ist die Familie versammelt am Tisch. Wo ist denn Matti? Er war doch vorhin noch im Bad. Einer geht nachschauen und kommt zurück: Er liegt da, er liegt auf der Erde ... Da wache ich vor Entsetzen auf. Ach, diese Träume von den Toten.

Träumst du auch von Erwin?

Ja, aber das sind schreckliche Eifersuchtsträume. Er ist da, aber ganz selbstverständlich ist noch eine junge Frau dabei, so dass er gar nicht mehr erreichbar ist. Und mich überfällt ein gewaltiger Hass und Zorn. Aber es gibt mittlerweile auch gute Träume, wo wir beieinander sind. Auch meine Mutter erscheint mir oft.

Versuchst du, die Toten auch tagsüber vor dir zu sehen?

Na ja, ich kann sie sozusagen in mir sehen. Ich denke an sie, aber nicht so, dass ich mit ihnen sprechen würde.

Wie war das, als du dann ganz alleine warst im Haus?

Die ganze Zeit hatte ich wie im Fieber gelebt, in meinem Gefühl und in meinem Verstand gespalten. Der fürchterliche Schmerz um Mattis Tod und Erwins nahendes Ende sind ineinander übergegangen. Es lagen ja nur drei Wochen dazwischen. In denen ich mich aber ganz auf Erwin konzentrieren musste, um ihn zu stützen und zu stärken, ihm auszureden, dass er wirklich todkrank ist. Als Erwin gestorben war, bin ich ganz zusammengebrochen. Bei Mattis Beerdigung waren wir beide nicht imstande mitzugehen. Wir haben die Musik vom Friedhof da oben gehört und die vielen Autos gesehen. Matti hatte sich gewünscht, in Schulzenhof beerdigt zu werden. Erwin liegt nicht weit von ihm. In seinem Testament hatte er verfügt, dass an seinem Grab keine Reden gehalten werden sollten. Nur die Vögel sollten singen, wenn es Sommer ist. Und wenn es winterlich ist, sollte es eine Musik geben. Er hatte ja einige Lieblingsstücke. Daraus und aus seinen Rundfunk-Lesungen hat Jakob ein Band gemacht. Es war wunderbar, wie über den Friedhof Erwins Stimme zu hören war, so voller Witz und Weisheit. Und ein Bläserterzett spielte das Lied, das er nachts im Bett mitunter gesungen hat: »Wo findet die Seele die Heimat, die Ruh«. Er hat solche Kirchenlieder immer etwas karikierend gesungen, bis zu der Phase, als er dann wirklich Halt und Trost gebraucht hat.

Und du hast in seinem Zimmer alles gelassen, wie es war?

Ich habe natürlich in seinen Papieren nachgesehen, ob da etwas bedacht, berücksichtigt werden muss. Und dabei habe ich in einem seiner Schreibsekretäre Briefe gefunden, die mir hintergründige Geschichten erzählt haben, von denen ich nicht mal was ahnte oder die ich für ganz harmlos hielt. Ich hatte das wohl schon erwähnt.

Nein, ich glaube nicht.

Er hatte immer diese Sehnsucht nach der Heimat seiner Kindheit. Die Großmutter, die Redensarten und Skandalgeschichten, der Singsang der sorbischen Frauen, das steckte in ihm. Mich hat bewegt, dass er so ein Heimatverlangen hatte, verbunden mit dem Jammer über das entschwindende Leben. Die ganze letzte Zeit war er von einer solchen Trauer erfüllt.

Er hat nicht drüber gesprochen, ich habe nicht drüber gesprochen. Aber dann habe ich diese Briefe gefunden, durch die sich herausstellte, dass er noch in den letzten zwei Jahren eine Beziehung hatte.

Wieso hat er diese Briefe, die er eigentlich vor dir geheim halten wollte, aufgehoben?

Er hat alles aufgehoben und auch die Durchschläge von seinen Briefen. Im Schreibsekretär hatte er Briefe aufbewahrt, die ihm besonders wichtig waren. Zum Beispiel, wenn Frauen ihm geschrieben haben. Brecht hat mal vor Jahrzehnten einen Satz gesagt, der uns amüsiert hat: Geld macht sinnlich. Auch Ruhm macht sinnlich. Die Frauen haben ihn angeschwärmt, da kommst du dir so komisch vor.

Aber es hat für diese Frauen traurig geendet.

Wieso?

Es hielt nicht, es ging auseinander.

Sicher. Letztlich hat er sich *anderweitig* nicht binden wollen. Er hat es genossen, wenn er angeschwärmt wurde. Das hatte er gern: diesen Schwebezustand, wenn jemand im Hintergrund war. Sicher, das macht das Leben ja spannend. Eigentlich würde einem das selber auch zuträglich sein. Aber ich hatte das Pech, dass mir in meiner Umgebung keiner wirklich gefallen hat.

Du hast also in einem Fach seines Schreibsekretärs eine Entdeckung gemacht?

Ja, unter diesen Briefen gab es auch welche von einer Bibliothekarin aus Spremberg. Sie war eine Frau in den Vierzigern, hatte eine erwachsene Tochter. 1989 hat sie begonnen, ihm zu schreiben. Er war jedes Jahr zwei-, dreimal beim Bruder Heinrich und hat Lesungen in Spremberg und in Cottbus gemacht.

Jedenfalls hat sie über mehrere Jahre versucht, Kontakt zu ihm aufzunehmen, und sich darauf berufen, dass er als Amtsvorsteher ihre Eltern getraut hat. Aus einem Brief von ihm geht hervor, dass er sie zurückweist: Er sei ein alter Mann mit Frau und Familie, habe keine freien Valenzen. Sie solle sich nicht auf ihn kaprizieren. Aber irgendwie hat sie es dann doch geschafft, ihn zu sich heranzuholen. Er hat mir vorgeschwärmt, wie er nach Graustein gefahren ist, in das Dorf seiner frühen Kindheit, wo er auch mit mir gewesen war. Es muss eine längere Tour über Land gewesen sein an die Orte seiner Jugendzeit. Ich nahm an, er wäre allein dort gewesen oder mit seinem Bruder Heinrich. Nun stellt sich heraus: Sie hat ihn chauffiert. Und ich habe oft gedacht: Wie traurig er dort auf seinem Platz am Fenster sitzt, neben dem Ofen. So verloren schaut er in die Ferne. Was sieht er? Das ist mir nun klar geworden. Stell dir vor: Zu seinem achtzigsten Geburtstag, 1992, waren wir zusammen in Buxtehude, haben in einem Mühlenhotel gewohnt. Und unmittelbar nach der Reise schreibt er in die Lausitz, ob sie wohl noch an ihn denke … Dabei war er zugleich vollkommen auf mich fixiert, klammerte sich geradezu an mich: Geh nicht weg, pass auf, dass ich nicht verschwinde.

Du hast nichts verändert hier im Haus nach seinem Tod, hast alles so gelassen?

Es ist alles, wie es war. Hier hängt seine Kutte, seine Mütze, sein Schal. Das ist alles so geblieben.

Gab es Momente, wo du dachtest: Jetzt möchte ich auch nicht mehr leben?

Nein, das habe ich nicht gedacht. Da hat mir wahrscheinlich sogar geholfen, dass ich diese Briefe gefunden habe. Die haben mich doch verstört. Weil ich mir eingebildet hatte, mit all meinen Bemühungen verschaffe ich ihm Seelenfrieden. Ich habe mich in vielerlei Hinsicht selbst verleugnet, habe mich eingestellt auf seine Situation. Und plötzlich merke ich nach seinem Tod, dass das nicht zureichend war. Was für ein Glanz auf ihn gekommen ist aus dieser Fernbeziehung, aus dem Wissen, dass da eine Frau ist, die an ihn denkt. Das war für ihn so beflügelnd. Aber er konnte es nicht ausleben, wie er es gewollt hätte. Er brauchte die Gelegenheit von Veranstaltungen oder Besuchen beim Bruder. Insgesamt haben sie sich, glaube ich, überhaupt nur drei oder vier Mal gesehen. Und in seinem letzten Jahr, das erzählte ich dir, ist er noch einmal im Herbst zum Bruder gefahren. Er hat dort auch diese Frau getroffen. Er war vier Tage weg und hatte mir angekündigt, er ist am Montag gegen Mittag zurück. Montag früh ruft er an, er muss noch ein Interview geben und eine Veranstaltung machen, kommt erst gegen Abend. In seinem Brief an sie habe ich dann gelesen: »Es ist alles gutgegangen.«

Aber es ging nicht gut.

Wie ich dir sagte, als er nach Hause kam, hat er sich bei mir mit dieser schweren Grippe angesteckt und ist nicht wieder auf die Beine gekommen. Dabei gingen seine Gedanken mindestens so stark, wie sie hier waren, in die Richtung dieser Frau. Das war schmerzlich zu wissen. Neben dieser gewaltigen Trauer habe ich innerlich gewütet. Ich sehe mich die ganze Zeit im Zimmer umhergehen, an meinen Tisch und zu den Schränken, Briefe ordnen und Akten, alles, was mit ihm zusammenhängt. Und dabei lief unentwegt Bonnie Tyler »Lost In France« sozusagen als Grundmelodie dieser Trauer. Ich habe sortiert, eingeordnet, geschrieben und habe mit keinem Menschen darüber gesprochen, was in mir vorgeht. Diese Lebenstäuschung bis zum Ende hin.

Ein ganz alter Mann.

Ja. Da hat er mir gleichzeitig so leidgetan, weil ich weiß, dass solche Dinge zwangsläufig sind. Er hat gelitten. Und immer das Bemühen, sich eine Form zu geben, sich ordentlich zu kleiden, das Kreuz durchzudrücken, obwohl es ihm danach war, krumm zu gehen. Er war ein Wunder von einem Menschen, dass kann man wohl sagen, eine wunder- und sonderbare Erscheinung. Dermaßen vertraut und doch unbekannt.

Was auch ein Reiz gewesen sein mochte.

Was aber auch bedrückt, besonders seitdem so viel über seine Kriegszeit geredet wird. Die war, als wir uns kennenlernten, eigentlich noch nah, doch für uns schon so weit weg. Wir liebten uns, ich wurde seine Frau. Und wenn ich jetzt Briefe lese aus der Zeit, als die Kinder aus seiner ersten Ehe noch sehr klein waren, sehe ich, wie sehr er an diesen Kindern gehangen hat. Und sie, diese Kinder, haben es für selbstverständlich gehalten, dass sie für ihn das Wichtigste waren. Wie schwer muss es für sie gewesen sein, als eine zweite Familie entstand und dann eine dritte. Mein Leben mit ihm: zweiundvierzig Jahre. Wie kann er mir da fragwürdig werden?

Der andere Mensch ist immer ein Geheimnis.

Na gut. Das sagst du aus positiven Erfahrungen heraus. Aber lass mal den Gedanken wirklich an dich heran, ein anderer Mensch könnte eine dunkle Kammer in sich haben. Wenn du diesen Menschen geliebt hast, kannst du es dir nicht vorstellen. Und ich habe ihn so groß gesehen, mein Leben lang. Er hatte für mich eine solche Größe, dass ich ihn mir vorangestellt habe und oft genug zurückgetreten bin.

Aber war denn Liebe bei dir je im völligen Sichersein? 1975, da warst du noch jung, hast du geschrieben: »Wissen möchte ich, ob man die Liebe, wenn sie einst aufhört, nicht mehr vermisst. Oder ob sie uns immer bleibt, dunkelnd mit uns im dämmernden Jahren«.

Darauf bilde ich mir was ein.

Ein tolles Gedicht.

Anfang der Liebe

Wind ist gut. Liebe ist gut.
Nacht ist gut. Wenn die Liebe gut ist.
Wissen möchte ich, ob man die Liebe,
Wenn sie einst aufhört, nicht mehr vermißt.

Oder ob sie uns immer bleibt,
Dunkelnd mit uns in dämmernden Jahren.
Ob uns noch *das* zueinandertreibt?
Werden wir leben und es erfahren.

Jünger fühlt es sich grüner an.
Nichts trifft uns gründlich. Alles ist leicht.
Erst, wenn man weiß, daß sie enden kann,
Hat man den Anfang der Liebe erreicht.

*Und hast du dir die Frage beantworten können? Kommt da eine
Ruhe des Herzens?*

Die kommt nie.

*Ist es eine allgemeine Lebenslüge, dass man nur jungen Leuten
diese Liebessehnsüchte zugesteht?*

Vielleicht, weil das viele Jüngere auch selber denken: Irgendwann wird man ruhig werden. Bei mir gibt es so ein Gedicht:

Einsicht II

Als ich zwanzig war und Leben mir schwer,
Da dachte ich, es wird leichter werden.
Mit dem Alter kommt auch Weisheit her.
Einsichtig heiter auf ebener Erden
Werde ich wandeln, wenn Zweifel sich lösen
Und reinlich sich scheidet das Gute vom Bösen.
Und nun? Nun bin ich schon fünfzig Jahr,
Und Leben ist schwer, wies mit zwanzig nicht war.

Wie müssen Männer sein, damit sie für dich reizvoll sind?

Die müssen eine physische Ausstrahlung haben, eine Ausstrahlung von Tatkraft, Zusammengefasstheit, Wille, auch Humor. Männer, die mit Leben und Sprache umgehen können, aber nicht flatterhaft, sondern mit geistiger Leichtigkeit, oberhalb der Trivialität des Lebens. Aber das Erotische spielt auch eine enorme Rolle, zum Beispiel die Hände, die Hautbeschaffenheit, die Haare. Da wage ich zu sagen, wie mich immer Wolfgang Kohlhaase beeindruckt hat, ein großartiger Denker, der eine starke, sinnliche Ausstrahlung hat.

Da wird sich Kohlhaase aber wundern, wenn er das liest.

Er wird der Letzte sein, der sich so was gedacht hätte. Aber so hat er auf mich gewirkt. Gefallen als Typus hat mir auch der Schauspieler Raimar-Johannes Baur, und immer noch gefällt mir Peter Schreier, mit dem ich ja befreundet bin. Der hat auch eine sehr, sehr liebenswürdige Ausstrahlung aus Enthusiasmus, Musikalität, Menschlichkeit.

Jetzt muss ich dich doch fragen: Wie war das mit dem »Schönen«, dem du einen ganzen Gedichtzyklus gewidmet hast?

Das ist eine merkwürdige Geschichte. Vielleicht kann ich dir bei Gelegenheit mal ein Bild von ihm zeigen.

»Der Schöne hat mir sein Bild gesandt«.

Genau, so beginnt das Gedicht.

> DER *SCHÖNE* HAT MIR SEIN BILD
> GESANDT …
> Wie oft hatte ich ihn darum gebeten.
> Jetzt kann ich ihm gegenübertreten
> Und kann direkt und unverwandt
> In seine eisblauen Augen sehen …
> Das Relief des zerklüfteten Gletschergesichts

Ist meinen Forschungen offen …
Empfinde ich Liebe? Fühle ich nichts?
Jedenfalls nichts mehr mit Hoffen.
Die wabernden Bilder in mir gehn ein.
Ich schließe die Akte des Schönen.
Ich will mich mit meinem Leben versöhnen.
Er wird nur noch ein Foto sein,
Das mir durch Zufall dann und wann
Begegnet in späteren Jahren …
Was oder wie wohl fühle ich *dann*?
Ich werde es erfahren.

So war es tatsächlich. Ja, der Mann ist mir begegnet. Am 13. April 1996, es war ein Sonnabendnachmittag, hatte ich in Jüterbog eine Lesung. In einer Kirche, ein sehr schönes Gemäuer. Ich wurde von dort aus abgeholt, und unterwegs hatte ich eine solche Wut auf mich, dass ich mich darauf eingelassen hatte, mich von Jakob zu trennen, der an diesem Tag in Schulzenhof war. Dann irrte sich der Fahrer auch noch im Weg. Dabei hat er die ganze Zeit erzählt, was für ein toller Kerl er ist, was er baut und was er macht. Ohne ein Gespür dafür, dass einen das anstrengt, zumal man sich auf die Veranstaltung einstellen muss. Wir sind gerade noch so angekommen, da ging es schon los. Ich auf einem ziemlich hohen Podest, unten auf Stuhlreihen das Publikum. Beim Lesen hatte ich immer ein Paar im Auge, das links von mir an der Außenwand saß. Der Mann hielt die ganze Zeit die Augen geschlossen. Das ärgerte mich: Dieser *Stietz*, der schläft einfach, den hat die junge Frau mitgeschleppt in die Veranstaltung.

»Der Schöne« hat bei deiner Lesung geschlafen?

Wart nur, wie es weitergeht. Dieser Mann war weißhaarig, hatte einen Bart so wie Erwin und trug einen langen, dunklen Mantel. Ein weißes Hemd sah man darunter, ein ähnliches, wie Erwin es hatte, ein Rohseidenhemd. Als ich dann signierte, traten die beiden an mich heran. Der Mann stellte mir die Frau als eine tschechische Germanistin vor, die über meine Gedichte gearbeitet hatte. Sie kämen aus Brandenburg, er habe sich diese Fahrt und die Veranstaltung mit mir zum Geburtstag geschenkt. Dieser 13. April war sein Geburtstag. Er war ein passionierter Leser von mir, kannte alle meine Texte, kein Gedanke daran, dass er geschlafen hat. Seine Stimme ein dunkler Bariton. Zufällig berührte ich seinen Mantelärmel. Der Stoff fühlte sich genauso an wie ein Mantel, den ich seit einiger Zeit hatte, ein dunkelblauer Tuchmantel mit Samtkragen und Samtknöpfen. Und da passierte es. »Ein Hitzeblitz durchflirrte mich«, so habe ich das in meinem Gedicht beschrieben, das mit der Zeile beginnt »Unglaubliches: Ich liebe wieder …«

Aus dir heraus, weil du dich danach sehntest?

Sag nicht, das hätte mir auch mit jemand anderem passieren können. Nein, er gefiel mir. Aber richtig, elementar. Es war wirklich so, wie ich es in einem Gedicht später ausgedrückt habe. Ich konnte mich nicht länger mit ihm unterhalten, die Leute hinter ihm drängten schon. Er solle mich anrufen zu Hause, habe ich ihm gesagt.

ALS ICH AN JENEM UMSTÜRZENDEN TAG,
An dem ich den Menschen erstmals gesehn,
Heimfuhr, war ich gelähmt wie vom *Schlag*,
Denn unbegreiflich war etwas geschehn.
Ich war gelähmt und in Freude entschwebt,
Plötzlich vom Ballast der Trauer befreit.
Der Fahrer erzählte die ganze Zeit
Über die Schulter mir zu, wie er werkelt und lebt.
Ich fuhr berauscht mit ihm durch die Nacht.
Doch antwortete ihm, wie er sprach, profan.
Und dachte daneben: was hab ich gemacht,
Mein Gott, was hab ich mir angetan?
Ich habe gesagt, auf offener Szene,
Umstanden von Menschen, die hörten mich,
Rufen Sie an und sagen: der *Schöne*.
Und wenn ers nun tut und meldet sich

Und hat begriffen, ich bin ihm verfallen
Auf einen Blick und liebe ihn,
Dann bin ich verloren. Wehrlos. Mit allem
Willen muß ich mich entziehn.
Ich muß mich hindern, ihn wiederzusehen,
Aber vielleicht ruft er gar nicht an,
Dann kann mir auch kein *Leids* geschehen …
Er hat es begriffen und hat es getan.

Ich war so erleuchtet, und der Fahrer hat immer weiterge-
redet von seinen Sachen, armseliger junger Mann. Ich habe
ihm fünfzig Mark gegeben, ganz überwältigt ist er abgefahren.
Dann habe ich immer gedacht: Na, Gott sei bei uns, dass der
mich nicht anruft. Und zugleich: Hoffentlich ruft er an. Dann,
an einem der folgenden Tage, meldete er sich: »Hier ist der
schöne Mann von Jüterbog.« Er hat mich besucht am 1. Mai,
dann noch mal Mitte Mai und am 1. Juni. In der Zwischenzeit
haben wir täglich telefoniert, abends immer. Das war so etwas außerordentlich Angenehmes, Erfreuliches. Ich hatte die
Vision: Mit dem kannst du auf Reisen gehen. Es sollte dieser
Mensch sein, der auch nicht mehr jung war, Jahrgang '34. Inzwischen ist er vierundsiebzig. Dabei dachten wohl manche:
Die hat sich in einen jungen Mann verliebt.

Aber es wurde nichts?

Nein. Er hat eine andere Frau kennengelernt. Und das Ende
der Geschichte war, dass ich für die Frau seines ältesten Sohnes
den »Schönen« signiert und hingeschickt habe. Seine Familie war in alles eingeweiht. Meine nicht. Ich habe doch nie
gedacht, dass ich den heiraten oder überhaupt mit ihm hier
wohnen würde. Ich wollte nur mit ihm zusammen die Welt
sehen, so weit die reicht für mich in dem Alter.

*Aber du wusstest von Anfang an, dass so hoch fliegen möglicher-
weise auch tief fallen bedeutet?*

Ja, sicher, klar.

Und hast das in Kauf genommen?

Das ist auch interessant, dass man in dem Alter, ich war sechsundsechzig, noch so *bescheuert* sein kann, sich in so rasender Weise in jemanden zu vernarren. Natürlich hat er mir alle seine Lebensverwicklungen erzählt. Er war, glaube ich, schon zwei- oder dreimal verheiratet, hatte hier und da Kinder. Pfarrer war er früher und hatte offensichtlich wegen *Amouren* seine Pfarrei aufgeben müssen. Die jüngere Frau, die er dann kennenlernte, hat mir nachher auch noch mal geschrieben. Das waren so Verwicklungen. Jedenfalls konnte ich nicht begreifen, warum er später jede Beziehung zu mir abbrechen wollte oder musste, denn ich habe von ihm nichts erwartet. Ich wollte nur, dass er gelegentlich kommt.

Er hat sich gefürchtet.

Ja, er hat sich vor dieser Liebe gefürchtet. Er war so erfüllt von meiner Existenz als Dichterin, aber ich sollte für ihn nicht lebendig werden. Ach, da versagt alle Weisheit.

Schon in deinem wunderschönen Zyklus »Die Bosnische Reise« von 1971 gibt es Verse, die mit diesen späteren Erlebnissen korrespondierten, sehr anrührend, finde ich: »Ich bin mir selbst ein Ungeheuer/ An Narrheit und studiere mich:/ Lebendig werf ich mich ins Feuer./ Warum? Wozu? Wie widerlich/ Das Schauspiel ist, das ich aufführe:/ Ich warte auf ein Wort von dir...« Und das erinnert mich sofort an den berühmten Brief der Tatjana aus Puschkins »Jewgeni Onegin«.

Genau. Dieses Gefühl hat man ja. Mein Gott, bist du denn verrückt geworden? Du bist hier glänzend aufgehoben. Und nur weil ein Mensch auf dich zugeht, wie dieser *Schlingel* ... Im April jenes Jahres 1971 war ich vierzehn Tage in Sarajewo, im August flog ich nach Struga und hatte in Belgrad Aufenthalt. Da stand plötzlich dieser Ahmed Muhamet aus Sarajewo vor mir – »ein Degen, ein Monddolch über dem Meer dieser Nacht«, so habe ich im Gedicht »Orient« geschrieben. Er hatte herausbekommen, dass ich auf der Durchreise nach Struga bin und hatte seinen Bruder mitgebracht, einen Staatsanwalt. Der war, anders als er, blond mit blauen Augen. Auf den gibt es übrigens ein Gedicht, das ich sehr liebe:

Licht I

Manchmal trifft man einen, der ist wie ein Licht,
Und man trifft ihn nicht zweimal im Leben.
Und man weiß: Nur *einmal* dieses Gesicht.
Und man denkt: Das darf es nicht geben,
Daß man einen Menschen verlor,
Ehe man ihn gefunden,
Und kein *Danach* und kein *Davor* ...
Dieses Licht ist für immer entschwunden.
Geheimer Speicher Erinnerung,
Empfangs- und Sendezentrale:
In einer anderen Dämmerung
Verwandelt er die Signale,
Die auf uns gekommen von einem Gesicht,
Das wir nur einmal gesehen,
Zurück in Wärme und in Licht.
Und das hilft uns die Nacht überstehen.

Ich habe diesen Ahmet dann zwei Jahre später noch mal getroffen, in Mostar.

Da gibt es bei dir dieses Gedicht »Das Gras von Mostar«.

Das habe ich hier geschrieben im Frühsommer '74 nach meiner Rückkehr. Hinter diesem Wald habe ich mich im Astversteck bei den Höhlenkiefern verkrochen. Disteln, Brennnesseln wucherten dort. Erwin junior sagte immer: Das ist dein größtes Gedicht. Erwin, der Vater, war zu dieser Zeit das erste Mal in Piešťany.

Man könne sich als Frau irren, heißt es zu Beginn, doch nicht als Dichter.

»All mein Recht/ Wird mir im Wort. Ob gut, ob schlecht:/ Das Wort hat *seine* Wirklichkeit./ Ohne Verpflichtung ist das Licht./ Das Gras hat seine eigne Zeit./ Das Gras im Wind. Und mein Gedicht.« Ich freue mich, dass du das sagst. Es war ein großer Moment in meinem Leben. Was da geschah, war eigentlich *irregulär*, aber der Impuls selber war so stark. Er hat mich sehen gelehrt, hat mich verändert im Ganzen. Wenn ich wegen des guten Gewissens hätte darauf verzichten wollen, wäre das für die Poesie eine Verarmung gewesen. Und dann gab es auch immer noch die Hoffnung, solche Dinge könnten einem im Leben doch wieder begegnen. Ein großes Erlebnis war auch die Reise nach Kasachstan …

War es ein Mann aus Kasachstan oder einer aus Russland?

Nein, das war ein estnischer Autor, so alt wie ich, der mir nächtelang seine Familiengeschichte erzählt hatte. Sie waren nach der sowjetischen Besetzung Estlands nach Sibirien deportiert worden, er war dort aufgewachsen.

Hast du dir manchmal doch gesagt: Darüber mag ich wohl schreiben, aber veröffentlichen kann ich es nicht? Das ist zu privat, das geht niemanden was an. Insbesondere was deine Gedichtzyklen »Der Schöne« und »Der Winter nach der schlimmen Liebe« betrifft, haben dir andere Leute geraten, das nicht an die Öffentlichkeit zu bringen?

Manche haben es vielleicht gedacht, aber gesagt hat das keiner. Nicht mal mein Freund Hermann, der sonst so heikel ist mit solchen Sachen.

»Der späte Gefühlsaufschwung weist mit Nachdruck auf die Möglichkeiten hin, die uns das Leben in jeder Situation auch in scheinbarer Vergeblichkeit darbietet«, so stand es in der ND-Rezension.

Wer hat das geschrieben?

Horst Haase.

Der kennt mein Werk genau. Und dieser Satz trifft es doch auch, finde ich. Vielleicht war das überhaupt meine Lebensbestimmung, meine Haupteigenschaft oder meine Hauptlast: diese Neigung, mich zu verlieben. Flüchtige Begegnungen wirkten zum Teil über Jahre.

> Noch kann ich dich heraufbeschwören.
> Ganz materiell. Du kommst mir nah.
> Der Mond scheint. Ich geh durch den Garten.
> Und plötzlich stehst du vor mir da.
> Ich bin so sicher, daß es sein muß.
> Und es fehlt nur ein halber Schritt,
> Und ich werd dich für immer halten
> Und nehm dich in mein Leben mit.
> Und diese Unterschiede fallen:
> Was Alter, Sprache und Nation?
> Wir wissen nichts mehr von dem allen.
> Und deine Stimme hat den Ton,
> Auf den mein Ohr hört. Und die Worte,
> Die uns noch fehlen, gelten nichts.
> An diesem oder jenem Orte
> Verwandeln wir den Laut des Lichts
> Für uns in Lächeln und Gesang.
> Der Mond scheint. Ich geh durch den Garten.
> Du fliehst vor mir den Weg entlang.

Man müsste eigentlich denken, die Liebe zu den Kindern, die Liebe zu Erwin und die Arbeit mit ihm, das hätte Impuls genug sein müssen. Aber das war es nicht. Nur diese Nebenlieben haben so viel Elektrizität produziert, das ist eigenartig. Ich weiß ja nicht, wie oft du verliebt warst, aber für mich war es wirklich etwas Elementares, wonach es mich verlangt hat. Beginnend mit der Selbstbestätigung, die man dadurch erfährt.

Und du hast den kostbaren Augenblick sozusagen verewigt, in dem Gedicht aus »Die Bosnische Reise«, das du eben zitiert hast.

Sicher. Es hat sich auch verselbstständigt. Wenn ich manchmal zurückdenke: Mein Gott, auf wen bezieht sich das eigentlich? Kannst du dich überhaupt noch an den Namen entsinnen?

In deinem schönen Gedicht »Musik« schreibst du von einem Geiger, der deine Gedichte liest, und du hörst seine Musik ...

> ...
> Er las meine Spuren von weißem Papier
> Und wurde von meinen Zeichen bewegt.
> So wie sein Spiel mir die Seele erregt,
> Zwangen ihn meine Worte zu lieben.
> Er hat mir solche Worte geschrieben
> Und will mir mit seinem Spiel mehr sagen.
> Mysterien geschehn auch in unseren Tagen.

Nach diesen Mysterien wollte ich fragen: Was meinst du, geschehen sie vor allem demjenigen, der sie sucht, der auf sie wartet?

Ich denke schon, dass da eine bestimmte Veranlagung mitspielt. Das Mysterium, das ich schildere, hat doch damit zu tun, dass da jemand ist, der den poetischen Impuls auffangen kann, weil er selber von einem musikalischen Impuls beherrscht ist. Jemand, der auf einer Frequenz sendet, die es ihm ermöglicht, meine Sendungen zu empfangen. Das kann niemand sein, der nur mit den plattesten praktischen Dingen beschäftigt ist. Es liegt wirklich an der Ausstrahlung eines Menschen, ob er einem nahekommen kann und man ihm.

Wann hast du dein letztes Gedicht geschrieben? Ich sollte vielleicht lieber »dein jüngstes Gedicht« sagen, denn irgendwie könnte es doch weitergehen?

Das ist jetzt zehn Jahre her. Es müsste der 28. Juni 1998 gewesen sein. Ich bin Mitte Mai nach dem Bandscheibenvorfall ins Krankenhaus gekommen, da war ich wohl sieben Wochen. Mit den Worten der Ärztin im Kopf: Wir kriegen das nicht weg, wir sind am Ende mit unserer Behandlung. Ich lag im

Bett, auf die Seite gekrümmt, die Beine eiskalt Tag und Nacht, das kam von den Nerven. In dieser Verzweiflung habe ich meine Erinnerung beschworen, wie ich als Zwölfjährige mich von hohen, rauschenden Bäumen behütet fühlte.

Die Bäume

Unter hohen und rauschenden Bäumen,
Als ich jung war, habe ich da gestanden
Am Rande von Wegen, die möglich
Mit mir ihren Anfang fanden ...
Dieser Aufriß von Grün, dieses Grün unterm Wind!
Und ich, das vom Leben erwartete Kind,
Unterm Domdach der rauschenden Eichen
Verharrend erhoffend ein Zeichen,
Wohin in welche Richtung zu gehn ...
Es war ein solches Einverstehn
Zwischen mir und den Eichen als auch den Linden ...
Ich würde meinen Weg schon finden,
Den sie mir wiesen aus ihrer Sicht.
Es kam doch alles her vom Licht,
In das sie wuchsen Tag und Jahr ...
Die hohen Bäume sagten wahr:
Ich würde in ein Dickicht gehn
Und all die Dunkelheit bestehn
Des Lebens und im Ichverzicht.
Und erst mein siebentes Gesicht
(Sieben mal sieben Lebenskreise)
Würde das meine sein. Unweise
Unschön als: verloren.
Und nicht zum Glück sei ich geboren,
Sondern, im Unglück mich zu mühn.
Ich hörte nichts. Nur rauschend Grün.
Es redeten zu mir die Eichen.
Doch ich mißdeutete die Zeichen
Und schlug den Weg ein hin zum *Licht*.

Aber das war der meine nicht.

*Eine schöne Erinnerung. Zugleich auch eine bittere Lebens-
bilanz?*

Ich hatte bei der Arbeit an diesem Text das Empfinden von
Endgültigkeit und dabei doch ein beglückendes Gefühl: Es
war überwunden, was Rilke »die Trockenheit der Seele«
nannte. Ich konnte wieder schreiben. Ich habe auch jetzt die
Hoffnung, dass sich wieder etwas für mich öffnet.

*Wie ließe sich das herbeiführen? Oder muss das ganz von selber
kommen?*

Es hätte geschehen können im vergangenen Jahr, als ich das
Gefühl hatte, es trennt mich nur noch Haaresbreite vom Tod.
Nach meinem Beinbruch hatte ich bei einer schweren Opera-
tion viel Blut verloren. Es war so eine Verzweiflungssituation,
dass eigentlich nach meinen Lebenserfahrungen die Wortma-
schine sich hätte anwerfen können.

*Aber dazu hattest du wahrscheinlich nicht genug Kraft in dem
Moment?*

Weiß ich gar nicht. Klar war ich sehr kraftlos, aber ich kenne
Situationen, wo ich auch kraftlos war, aber das Gehirn hat das
umgesetzt in Worte. Es lässt sich nicht planen. So wie wir jetzt
hier miteinander reden über Tage und Wochen, das inspiriert
mich so, dass ich hoffen kann: Es wird vielleicht noch mal passieren, dass ich wieder etwas Konzentriertes schaffe. Das wäre
es, was ich mir am allermeisten vom Leben wünsche.

Und ich würde es mir auch so sehr wünschen.

Es ist ein solches Außer-sich-Sein, wenn ich mich sozusagen in
meine Geheimwelt versetze. Ich sehne mich danach.

Womit bist du im Moment beschäftigt?

Mit Gottfried Benn, weil ich gefragt wurde, ob ich nicht einen

Beitrag für ein Buch über ihn schreiben wolle. Man hat mir sehr früh nachgesagt, eine Nachfolgerin von Benn zu sein. Und das zu einer Zeit, als ich noch keine Gedichte von ihm kannte. Im Laufe der Jahre habe ich mich mit Benn befasst. Ich bin einverstanden mit diesen Gedichten, die nur auf Rhythmus und Zeilenstruktur beruhen. Trotzdem gefallen mir bei ihm die gereimten Gedichte, die nah dem Volkslied sind, am besten. Da gibt es Texte, die *Stille* atmen, Menschlichkeit. Obwohl ich glaube: Benn war einer, vor dem man sich vorsehen musste, er war seiner Natur nach nicht gerade ein *guter* Mensch. Er war sehr auf sich fixiert und hatte durch seine *Profession* in jungen Jahren allerhand Schrecknisse kennengelernt. Sicher war es nicht einfach mit diesem Mann, aber was in seinen Gedichten steckt, ist gerade gegen Ende seines Lebens hin von großer Schönheit und auch Güte. Ein Einverständnis mit der Welt, das ist sehr, sehr schön. Ich habe mir schon zwei Gedichte ausersehen, über die ich was schreiben will.

Ich glaube, dir anzusehen, dass dir das gelingt.

Ich hoffe. Ich habe das Gefühl, dass ich wieder herausgefordert bin, die Dinge so intensiv und so lange anzusehen, dass sie zu mir sprechen. Diese schottischen Rosen, wie sie sich im Wind bewegen ... Ich denke, dass ich jetzt wieder in eine so enge Beziehung zu den Bäumen, den Blumen, den Gräsern, zu allem um mich herum getreten bin, dass ich mich verändert habe: Ich ähnele mir wieder. Ich habe mir auch seit Monaten verboten, in meinen Briefen irgendwelche Betrübnisse aufzuschreiben, zu klagen über meinen Zustand, über meine Lebenssituation. Ich möchte mitteilen, dass ich mich gut fühle. Dass ich glücklich bin. Das ist in meinen Jahren eine große Sache. Und dazu würde noch gehören, dass es mir gelingt noch zwei oder drei oder vier kleine Poesien zu machen.

PERSONENREGISTER

214

BILDNACHWEIS

Eva Strittmatter privat: I, II, IV, V, VI, VII, VIII, IX, X, XV,
    XVII, XVIII, XX
ND-Archiv: III, XIII (Bonitz), XIV
Bundesarchiv: IV (Klein), XIV (Link)
DDR-Fernsehen: XIII
Edith Rimkus-Beseler: XI, XII
Volker Ettelt: XII
PR/Hirschfeld: XV
Burkhard Lange: XXI–XXXII
Klaus Manzek: XVI
Isolde Ohlbaum: XIX
Frank Quilitzsch: XIX
Günter Prust: XVIII
Gabriele Senft: XVII

Nicht alle Fotografen und Rechteinhaber von Fotoaufnahmen
konnten ausfindig gemacht werden. Der Verlag ist für entsprechende Hinweise dankbar. Rechts- und Honoraransprüche
bleiben in jedem Fall gewahrt.

Eva Braun mit achtzehn Jahren als Studentin in Berlin

Eva Braun 1953 in Berlin. Das Foto hat sie Erwin Strittmatter zum Geburtstag geschenkt

Erwin Strittmatter 1953, als er den ersten Nationalpreis erhielt

Eva und Erwin Strittmatter am 5. Juni 1954 bei einer Lesung
in der Pionierrepublik »Ernst Thälmann« in der Berliner Wuhl-
heide

Anfang der sechziger Jahre

In den sechziger Jahren: Vor dem Ausritt

Eva Strittmatters Mutter Hedwig 1960 mit dem kleinen Matti bei der Einschulung von Erwin jr. in Neuruppin. Sohn Ilja fotografiert

1961 mit den Kindern Matti (*1958), Erwin jr. (*1953) und
Ilja (*1951)

Mit Matti 1961

1966 mit Jakob

Jakob liest Äpfel auf

VIII

1965 in Suchumi: Erwin fotografiert Eva vor dem Spiegel

Eva und Erwin Strittmatter um 1966

Bei den Puschkin-Tagen in Leningrad 1968: mit den Schriftstellern Reiner Kunze (links) und Wolfgang Joho (rechts); in
der Mitte zwei Mitarbeiter der Zeitschrift »Newa«

1973 beim Poesiefest in Struga, Mazedonien, von Konstantin
Simonow (rechts) bewundernd angeschaut

Porträt Anfang der siebziger Jahre

Zu Hause in Schulzenhof Anfang der siebziger Jahre: (v.l.n.r.)
Eva und Erwin Strittmatter, der Dalmatiner Assan, Matti und
Jakob

Mit Erwin Anfang der siebziger Jahre

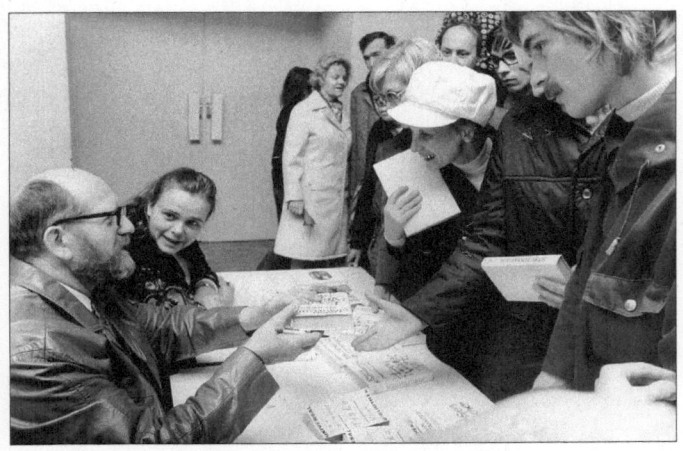

Mit Erwin beim Schriftstellerbasar am 7. Oktober 1974 in der
Berliner Kongresshalle

Mit Paul Wiens am 28. Januar 1975 in der Sendung »Akzente«
des DDR-Fernsehens

Beim VIII. Schriftstellerkongress 1978 in Berlin

16. März 1978: Eva Strittmatter signiert ihre neuen Bände »Die eine Rose überwältigt alles« und »Briefe aus Schulzenhof«

Glückliche Zeit 1978 in Pieštany

1980 mit der ungarischen Malerin Marianne Gábor auf ihrer Ausstellung in Berlin

Um 1980 in Schulzenhof, als der Dokumentarfilm »Landschaft und Dichtung« entstand

Zur gleichen Zeit auf einer Waldwiese bei Schulzenhof

Eva Strittmatter signiert am 25. August 1988 in der Buchhandlung Das Internationale Buch in Berlin ihren Gedichtband »Atem«

Erwin und Eva Strittmatter mit Lew Kopelew 1992

1997 mit dem georgischen Germanisten Nodar Kakabadse in Berlin

Signierstunde am 9. Juli 1997 zur Eröffnungsfeier der Buchhandlung Leseland

XVIII

1997 im Garten mit dem Dalmatiner Aesop

Im Garten 2002

2003 mit den Brüdern Udo und Wolfgang

Mit Henry

Annäherung an Schulzenhof

Das Gehöft von der Straße aus

Wiesen um Schulzenhof

In den Wäldern um Schulzenhof entstand so manches Gedicht

So etwa könnte Eva Strittmatters »Astversteck« ausgesehen haben

Der Thörnsee

Die Gräber von Matti und Erwin Strittmatter

Die beiden Islandponys Krapi und Nurit. Im Hintergrund
Henry, der ihnen Wasser bringt

Das alte Haus an der Straße, vom Hof aus gesehen

Das Wohngebäude, das 1971/72 gebaut wurde

Blick von der Diele in Eva Strittmatters Zimmer

Das Bett als Arbeitsplatz

Buchregal mit dem Strittmatter-Porträt von Karl Hermann
Roehricht

Eva Strittmatters Schreibtisch

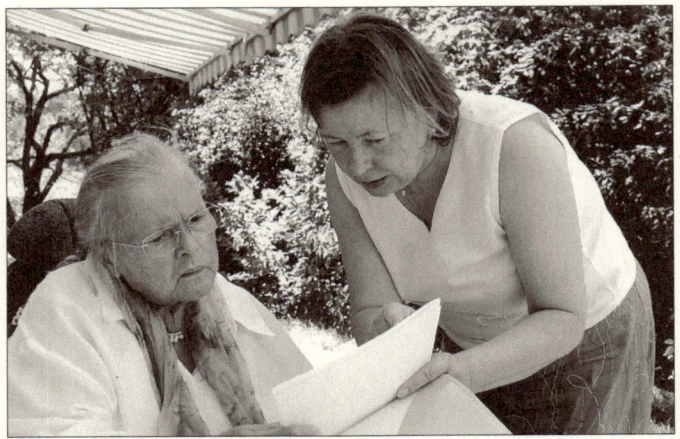

Im Sommer 2008 mit Irmtraud Gutschke im Garten

Im Gespräch

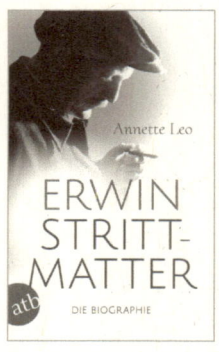

Annette Leo
Erwin Strittmatter
Die Biographie
459 Seiten. Broschur
ISBN 978-3-7466-3559-0
Auch als E-Book lieferbar

Annäherung an eine umstrittene Biographie

Erwin Strittmatter wurde 1912 im Kaiserreich geboren, er starb 1994 im vereinigten Deutschland. Dazwischen erlebte er zwei Weltkriege, zwei Revolutionen, die Weimarer Republik, das „Dritte Reich" und die DDR. Ein Jahrhundertleben, das geprägt war von historischen Brüchen, Katastrophen und Zwängen, eine Erfolgsgeschichte als Autor, die nach dem Untergang der DDR noch wuchs.

Annette Leo nähert sich Strittmatters Biographie mit Hilfe von Briefen, Tagebüchern, Erinnerungen von Zeitzeugen und Dokumenten, die zum großen Teil aus Strittmatters Privatarchiv stammen. Sie rekonstruiert das bisher verschwiegene Kapitel seiner Mitgliedschaft in einem Polizei-Gebirgsjäger-Regiment während des Krieges und fragt nach seinem Platz als Schriftsteller und Verbandsfunktionär in den politischen Konflikten der DDR. So entsteht nicht zuletzt auch ein lebendiges Charakterbild des höchst komplizierten und widersprüchlichen Autors.

Regelmäßige Informationen erhalten Sie über unseren Newsletter.
Jetzt anmelden unter: www.aufbau-verlage.de/newsletter

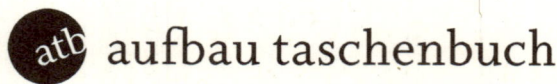

aufbau taschenbuch

Eva Strittmatter, Erwin Strittmatter
Du bist mein zweites Ich
Der Briefwechsel
377 Seiten. Broschur
ISBN 978-3-7466-3738-9
Auch als E-Book lieferbar

Briefe einer außergewöhnlichen Liebe

Eva und Erwin Strittmatter lernten sich im Februar 1952 kennen. Die 22-jährige Mitarbeiterin des Schriftstellerverbandes lebte in Berlin, der freiberufliche Schriftsteller in Spremberg, und so gingen Briefe zwischen den beiden hin und her. Der Briefwechsel aus den fünfziger Jahren erzählt von familiären und künstlerischen Krisen, von Begegnungen mit Kollegen, vom Leben in der DDR – und er zeigt, wie einer im andern die Verwirklichung seiner Ideale sucht.

»Ich danke Dir, ich danke Dir und will es gern mit allem lohnen, was ich bin und was ich durch Dich noch werden kann.
Du bist mein zweites Ich.«
Erwin Strittmatter an seine spätere Frau Eva, 15. Juni 1952

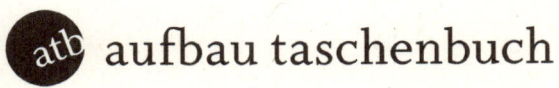

aufbau taschenbuch